Reclam
LESEBUCH

Blumen
auf den Weg gestreut

Gedichte

Herausgegeben von
Heinke Wunderlich

Philipp Reclam jun. Stuttgart

Mit 16 Farbabbildungen

Alle Rechte vorbehalten
© 1993 Philipp Reclam jun. GmbH & Co., Stuttgart
3. Auflage 1998
Einbandgestaltung: Anja Wesner, Stuttgart,
unter Verwendung einer Zeichnung von Egon Schiele, 1910
Die Farbabbildungen sind dem Band entnommen:
John Ingram, *Flora Symbolica; or The Language
and Sentiment of Flowers*, London 1870
Gesamtherstellung: Wilhelm Röck, Weinsberg
Printed in Germany 1998
RECLAM ist eine eingetragene Marke
der Philipp Reclam jun. GmbH & Co., Stuttgart
ISBN 3-15-040038-4

Inhalt

9

Zu allen Jahreszeiten

Morgens, mittags, abends und nachts

Im Garten

Auf Feld und Wiese

Blumen am Grab

Blumen brechen

Blumensträuße

Blumengruß

Blumen am Busen

Blumen ins Zimmer geholt

Blumen-Düfte

Die Sprache der Blumen

Vorwort

> Rosen auf den Weg gestreut,
> Und des Harms vergessen!
> Eine kleine Spanne Zeit
> Ward uns zugemessen.

Der erste Vers – leicht abgewandelt – des 1776 entstandenen Gedichts von Ludwig Heinrich Christoph Hölty wurde zum Titel dieser poetischen Blumenlese gewählt. *Blumen auf den Weg streuen:* das ist das liebenswürdige Gegenprogramm zum boshaften *Steine in den Weg legen;* es bedeutet: Lebensfreude schenken, den Lebensweg erleichtern, zum Genuß beitragen, aber auch der Verehrung festlichen Ausdruck geben. So streuen auf den Wegen der katholischen Fronleichnamsprozessionen weiß gekleidete Mädchen aus Körben Blumenblätter vor die Füße des Priesters, der die Monstranz trägt. So streuen auch die Kinder, die Schleier und Schleppe der Braut tragen, Blumen auf den Weg des Paares, das die Kirche verläßt. (»Blumen auf den Weg gestreut, hat noch keine Braut gereut«, sagt der Volksmund.) Noch ins Grab streut man Blumen auf den Sarg des geliebten Toten.

Blumen begleiten alle Ereignisse, die im Leben des Einzelnen Einschnitte bedeuten, sei es des Glücks, sei es der Trauer. Die Sprache der Blumen ist beredter als die menschliche Sprache; ihre Botschaft ersetzt und übertrifft alle menschliche Rhetorik der Huldigung, des Glückwunsches oder des Trostes.

Worin liegt die einzigartige Bedeutung der Blume, der in der Schöpfung nichts gleichkommt? Die Gestirne, die

Tiere, die Gebirge und Ströme sind wunderbare Partner des fühlenden Menschen, aber nur die Blume konnte zum Inbegriff der schönen Welt werden. Höchste Ehrung für einen Götterliebling bedeutete, daß er sich im Tode in eine Blume verwandelte: die Narzisse, die Hyazinthe, die Anemone sind solche blumigen Apotheosen, von Ovid in den *Metamorphosen* unvergänglich erzählt. Die symbolische Macht der Blume liegt darin, daß sie das Wesen des Gewaltlosen in einer sich verzehrenden Schöpfung bedeutet. Der Anblick einer März-Anemone am Waldboden sagt es jedem.

Es hat seinen tiefen Sinn, wenn der Dichter, der den *Leidenschaftlichen Gärtner* beschrieb, sagte: »Der menschliche Geist ist der Blume verwandter als dem Tiere und hat sich immer so empfunden.« Keine menschliche Vorstellung von Zartheit und Scheu, Behutsamkeit und Stille läßt sich so wie im Geiste der Blume ausdrücken; aber auch der Prunk, die überwältigende Pracht und Verschwendung werden im Gleichnis der Blume beschrieben. Das von Blumen überbordende Füllhorn ist die höchste Form des festlichen Schmucks. Die optischen Sensationen werden zuweilen noch übertroffen von denen der Düfte. Der Duft ist der Wegführer der Erinnerung auf den Spuren der verlorenen Zeit.

Wir bewundern die weise Verteilung der Blumen über das ganze Jahr: Während eine Blüte welkt, schickt sich eine andere an, den Ausbruch der Knospe vorzubereiten. Alles, was uns umgibt, mahnt uns an seine Vergänglichkeit. Wenn auch die Blume diesem Gesetz des Vergehens untersteht, so ist sie doch zugleich auch das Symbol der Wiederkehr und des Neubeginns. Die *perceneige* – schöner französischer Name für die frostsprengenden zarten Schneeglöckchen zu Beginn des Frühlings –

sind Manifestationen dieses periodisch sich erneuernden Lebens.

Gedichte auf Blumen füllen die Lyrik-Bände der Dichter und die Anthologien. In der poetischen Verwendung der Blume sind wir immer noch mit der Dichtung der Antike und der Bilderwelt der jüdisch-christlichen Tradition verbunden. Dennoch sind die dichterische Blumen-Metaphorik und die Feier der Blume in der Naturlyrik, in den moralischen und ästhetischen Krisen der Moderne in Frage gestellt worden. Der erste, der den Kult der Blume ganz anderen ästhetischen Reizen unterwarf, war Baudelaire. Der Titel des Gedichtbandes *Les Fleurs du Mal – Die Blumen des Bösen* (1857) eröffnet eine neue Epoche des dichterischen Gebrauchs der Blume. Die literarische Décadence entdeckt die Schönheit der krankmachenden Blume, der *fleur maladive*. Kythera, die blühende Insel der antiken Venus, das berühmte Idealland der Poesie, ist eine traurige schwarze Felswüste geworden. In Stefan Georges *Algabal* sinnt der Herr des Unterreichs, der einen Garten aus verkohlten Ästen und Lavagestein angelegt hat, über die Züchtung einer »dunklen großen schwarzen Blume« nach. Die neuen künstlichen Paradiese sind Gärten ohne Flora, Kunstgehäuse aus Gestein, die keine organische Natur dulden.

Dieser ästhetische Protest gegen die euphorische Inanspruchnahme der Blume für die Gemütswelten des bürgerlichen 19. Jahrhunderts beendete eine lange dichterische Tradition. Die Romantik war die letzte geschichtliche Epoche, die durch eine (blaue) Blume symbolisiert werden konnte. Die Naturlyrik der Jahrhundertwende war oft nur noch der neuromantische Aufguß einer verbrauchten Bilderwelt. Das änderte sich auch in den späteren Jahrzehnten nicht, weder in der Blut-und-Boden-

Lyrik der dreißiger und vierziger Jahre, die das *Erika*-Lied zur zweiten Nationalhymne machte, noch in der idyllensüchtigen Restauration der fünfziger Jahre.

Dennoch bleibt die Blume für den Dichter ein »unerschöpflicher Gegenstand« (Rilke). Paul Celan, der Meister der abstrakten Lyrik, findet in einem Gedicht die Blume nur noch als Wort. Und als das Wort eines Blinden, der Blumen nicht mehr sehen kann, sondern sie wieder erfinden muß, bleibt die Blume Gleichnis einer unerschöpflichen Hoffnung.

Das Blumenfest

Ich schenke Blumen.
Ich streue Blumensamen aus.
Ich pflanze Blumen.
Ich sammle Blumen.
Ich pflücke Blumen.
Ich pflücke verschiedene Blumen.
Ich raufe sie aus.
Ich zerreiße Blumen.
Ich zerstöre sie.
Ich knüpfe Blumen.
Ich binde Blumen.
Ich mache Blumen.
Ich erfinde Blumen.
Ich hole sie aus der Luft.
Ich mache es so, daß aus den Blumen Sträuße werden,
    ungleiche, runde Sträuße, immer größer und größer.

Ich mache eine Girlande aus Blumen, ein Laken, einen
    Strauß, ein Bett aus Blumen, eine Hand.
Ich knüpfe sie.
Ich binde sie.
Ich versehe sie mit Gras.
Ich versehe sie mit Blättern.
Ich mache eine Schlange aus Blumen.
Ich rieche etwas.
Ich rieche sie.
Ich sorge dafür, daß einer Blumen riecht.
Ich schenke einem Blumen.

Ich schenke ihm Blumen.
Ich versehe einen mit Blumen.
Ich versehe ihn mit einer Schlange, mit einer Kette aus
    Blumen.
Ich versehe ihn mit einer Blumenkette.
Ich lege ihm eine Girlande um.
Ich versehe ihn mit einer Girlande aus Blumen.
Ich bekleide einen mit Blumen.
Ich kleide ihn in Blumen ein.
Ich bedecke ihn ganz mit Blumen.
Ich zerstöre einen mit Blumen.
Ich zerstöre ihn mit Blumen.
Ich verwunde einen, verwunde ihn mit Blumen.
Ich zerstöre einen mit Blumen.
Ich zerstöre ihn.
Ich verwunde ihn mit Blumen.
Mit Trinken, mit Essen, mit Blumen, mit Tabak,
    mit Kleidern, mit Gold.
Ich bezaubere ihn, ich errege ihn mit Blumen,
    mit Wörtern.
Ich bezaubere ihn.
Ich sage:
»Mit Blumen liebkose ich ihn.
Ich verführe einen.
Ich richte eine lange Rede an ihn.
Ich bewege ihn mit Wörtern.
Mit Blumen.«

Ich versehe einen mit Blumen, oder ich zerreiße Blumen,
    oder ich mache Blumen, oder ich hole Blumen aus der
    Luft und gebe sie ihm, so, daß es ein Fest gibt.
Ich höre nicht auf, einem Blumen in die Hand zu geben.
Oder ich versehe ihn mit einer Kette, einer Schlange.

Oder ich versehe ihn mit einer Girlande aus Blumen,
aus Wörtern.
Oder ich bezaubere ihn.
Oder ich gebe ihm etwas.
Oder ich gebe ihm weiter nichts als immer mehr Blumen
und Blumen.

EVERLASTING AND YEW.

Blumenreigen

BARTHOLD HINRICH BROCKES

Bewunderns-würdige Ordnung
in der Folge der Bluhmen

Noch seh' ich einen neuen Strahl
Von GOTTES Weisheit, Macht und Liebe.
Wenn Wärm' und Feuchtigkeit die Bluhmen sonder
                                        Zahl,
Nicht nach einander, auf einmahl,
Wie es natürlich scheint, aus Erd' und Saamen triebe:
So folgte ja gewiß: es bliebe
Die Welt geschmückt nur blos auf eine kurtze Zeit:
Hernach würd' alles weit und breit
Verödet, wüst und traurig stehen.
Da wir hingegen jetzt so ordentlich,
Wenn eine Bluhme welckt, und sich
Verliert, ein' andre kommen sehen.
Für solche Wunder, die allein
Durch Deine weise Macht, zu unsrer Lust geschehen,
Laß uns, o Schöpfer, Dich bewundernd, danckbar seyn!

Schneeglöckchen

's war doch wie ein leises Singen
In dem Garten heute nacht,
Wie wenn laue Lüfte gingen:
»Süße Glöcklein, nun erwacht,
Denn die warme Zeit wir bringen,
Eh's noch jemand hat gedacht.« –
's war kein Singen, 's war ein Küssen,
Rührt' die stillen Glöcklein sacht,
Daß sie alle tönen müssen
Von der künft'gen bunten Pracht.
Ach, sie konnten's nicht erwarten,
Aber weiß vom letzten Schnee
War noch immer Feld und Garten,
Und sie sanken um vor Weh.
So schon manche Dichter streckten
Sangesmüde sich hinab,
Und der Frühling, den sie weckten,
Rauschet über ihrem Grab.

PAUL CELAN

Krokus, vom gastlichen
Tisch aus gesehn:
zeichenfühliges
kleines Exil
einer gemeinsamen
Wahrheit,
du brauchst
jeden Halm.

KARL HEINRICH WAGGERL

Krokus

Gott fügt es.
ER bestimmt die Zeit,
ER heißt ihn blühn, obwohl es schneit,
und ihm genügt es.

Ein Veilchen auf der Wiese stand,
Gebückt in sich und unbekannt,
Es war ein herzig's Veilchen.
Da kam eine junge Schäferin
Mit leichtem Schritt und munterm Sinn
Daher, daher,
Die Wiese her, und sang.

Ach! denkt das Veilchen, wär' ich nur
Die schönste Blume der Natur,
Ach, nur ein kleines Weilchen,
Bis mich das Liebchen abgepflückt
Und an dem Busen matt gedrückt!
Ach nur, ach nur
Ein Viertelstündchen lang!

Ach, aber ach! Das Mädchen kam
Und nicht in acht das Veilchen nahm,
Ertrat's, das arme Veilchen.
Und sank und starb und freut sich noch:
Und sterb' ich denn, so sterb ich doch
Durch sie, durch sie,
Zu ihren Füßen doch!

Das Veilchen

Seht der neubewachsnen Erden
Zarte Kleidung blaulicht werden,
Weil der Veilchen Purpurpracht
Zwischen Gras und Blättern lacht.

An den Brunnen, an den Bächen
Laßt uns nur die schönsten brechen!
Bindet einen schönen Strauß
Auf das nächste Fest daraus!

Erstling von des Frühlings Schätzen,
Veilchen, Blume voll Ergötzen,
Veilchen, komm und stirb mit Lust
An der schönen Chloris Brust!

Knabe und Veilchen

Knabe

Blühe, liebes Veilchen,
Das so lieblich roch,
Blühe noch ein Weilchen,
Werde schöner noch.
Weißt du, was ich denke?
Liebchen zum Geschenke
Pflück ich, Veilchen, dich,
Veilchen, freue dich!

Veilchen

Brich mich stilles Veilchen,
Bin die Liebste dein,
Und in einem Weilchen
Werd ich schöner sein!
Weißt du, was ich denke,
Wenn ich duftend schwenke
Meinen Duft um dich:
Knabe, liebe mich!

HEINRICH HEINE

Die blauen Frühlingsaugen
Schaun aus dem Gras hervor;
Das sind die lieben Veilchen,
Die ich zum Strauß erkor.

Ich pflücke sie und denke,
Und die Gedanken all,
Die mir im Herzen seufzen,
Singt laut die Nachtigall.

Ja, was ich denke, singt sie
Lautschmetternd, daß es schallt;
Mein zärtliches Geheimnis
Weiß schon der ganze Wald.

NIKOLAUS LENAU

Das Veilchen und der Schmetterling

Ein Veilchen stand
An Baches Rand,
Und sandte ungesehen
Bei sanftem Frühlingswehen
Süßen Duft
Durch die Luft.
Da kommt auf schwankendem Flügel
Ein Schmetterling über den Hügel
Und senket zur kurzen Rast
Zum Veilchen sich nieder als Gast.

Schmetterling

Ei! Veilchen! wie du töricht bist,
Zu blühn, wo niemand dein genießt!

Veilchen

Nicht ungenossen blüh ich hier,
Ein Schäfer kommt gar oft zu mir
Und atmet meinen Duft und spricht:
»Ein solches Blümchen fand ich nicht,
Wie Veilchen du! auf Wiesen, Auen
Ist keines mehr wie du zu schauen!«

Schmetterling

's ist schöner doch, glaub meinem Wort,
Zu blühn auf freier Wiese dort,
In jener bunten Blumenwelt,
Als hier im dunklen Schattenzelt!

Veilchen

Hier bin ich meines Schäfers Wonne,
Dort aber bleichet mich die Sonne,
Und ohne Farbe, ohne Duft,
Find ich zu früh dort meine Gruft.
Drum blüh ich in der Einsamkeit,
Wenn auch nur Einer mein sich freut.

Anemonen

Eure Tage sind da, ihr Kinder des Walds und der Büsche.
Eure Tage sind da, ihr blühenden Boten des Frühlings.
Ist auch der Hain und die Hecke noch kahl, der März ist
                gekommen,
Der über schmelzendem Schnee die reine Blüte
                emporführt,
Der Anemonen belebende, knospende März ist
                gekommen.
Windrosen, weiße und rötliche, trägt nun der Busch,
                und das feuchte
Ufer ist gelb, und des Buchenwalds Laub von den blauen
                umsponnen.
Als du der zartesten Freuden gedachtest und fragtest:
                was ist es,
Das mich in Ahnungen schwebend und leise berührt und
                erheitert?
Sprach ich: gedenke der Knospe, des Lichts, der
                vergänglichen Blüte.
Was dich froh macht, Geliebte, kommt von lebendigen
                Zeichen.
Anemonen sind es, die im Walde erblühten.
Anemonen sind es, die dich heute begrüßten.

Anemone

Erschütterer –: Anemone,
die Erde ist kalt, ist nichts,
da murmelt deine Krone
ein Wort des Glaubens, des Lichts.

Der Erde ohne Güte,
der nur die Macht gerät,
ward deine leise Blüte
so schweigend hingesät.

Erschütterer–: Anemone,
du trägst den Glauben, das Licht,
den einst der Sommer als Krone
aus großen Blüten flicht.

CHRISTIAN WAGNER

Anemonen

Sag, woher kommen
Die schönen, die frommen
Die Tausend und aber Millionen
Weißgekleideter Anemonen?

»Wir sind die Kindlein, die abgeschieden
So frühe hienieden;
Nun wohnen wir oben,
Im Vaterhause da droben.«

»Was tut ihr nun hier
Im Waldesrevier,
Ihr lieblichen Kleinen
Beim Frühlingserscheinen?«

»Drum dürfen wir fort,
Jedes an seinen Heimatort;
Auf Ostern, da wird Vakanz gegeben,
Drei Wochen lang welch ein Freudenleben!

Und drum sind wir hier
Im Waldesrevier
Alle weiß gekleidet. Mägdlein wie Söhnlein
Mit goldenen Krönlein.«

NIKOLAUS LENAU

Primula veris

1

Liebliche Blume,
Bist du so früh schon
Wiedergekommen?
Sei mir gegrüßet,
Primula veris!

Leiser denn alle
Blumen der Wiese
Hast du geschlummert,
Liebliche Blume,
Primula veris!

Dir nur vernehmbar
Lockte das erste
Sanfte Geflüster
Weckenden Frühlings,
Primula veris!

Mir auch im Herzen
Blühte vor Zeiten,
Schöner denn alle
Blumen der Liebe,
Primula veris!

2

Liebliche Blume,
Primula veris!
Holde, dich nenn ich
Blume des Glaubens.

Gläubig dem ersten
Winke des Himmels
Eilst du entgegen,
Öffnest die Brust ihm.

Frühling ist kommen.
Mögen ihn Fröste,
Trübende Nebel
Wieder verhüllen;

Blume, du glaubst es,
Daß der ersehnte
Göttliche Frühling
Endlich gekommen,

Öffnest die Brust ihm;
Aber es dringen
Lauernde Fröste
Tödlich ins Herz dir.

Mag es verwelken!
Ging doch der Blume
Gläubige Seele
Nimmer verloren.

KARL HEINRICH WAGGERL

Schlüsselblume

Wenn Gott zum lieben Osterfest
die Himmelschlüssel sprießen läßt,

für jede arme Seele einen,
dann finden aber jene keinen,

die schon bei Lebzeit sich erkeckten
und welche auf die Hüte steckten.

(Die müssen weiter auf den harten
Gußeisenkreuzen sitzend warten.)

O Mensch, denk an dein eignes Grab,
brich keine Schlüsselblume ab!

JOHANNES BOBROWSKI

Primel

Liebe Primel, ich versteh
dich nicht mehr: Das ganze Jahr
blühst du, nicht sehr prächtig zwar,
dennoch, soviel Treu tut weh.

Rechnest du mir gar nicht zu,
daß ich dich so oft vergessen?
Hast gewartet unterdessen
und geblüht – Ach, Primel, du ...

PETER PAUL ALTHAUS

Ich bin ein kleines Primelchen;
ich bin das Eigentümelchen
vom Bauern Otto Striese,
auf dessen Wiese
wir Primeln und die andren Blümchen
(und jede ist sein Eigentümchen)
sind hingestellt und blühn.

Herr Striese hat uns nicht gezählt;
und wenn's ihm eines Tags gefällt
mit seiner Mähmaschin'
die Wiese abzumähen ...
Kein Hahn wird nach uns krähen!

Ich hab' geglaubt, ich hör' nicht recht,
als mir vom Pastor Eggebrecht
der Hahn (er kommt hier manchmal vorbei)
ins Ohr geflüstert: »Und der Duft vom Heu?
Bist Du das nicht, Du Primula?
Kickerikallélujah!«

An die Tulpe

Mögen denn der Rose Blätter
  Süßen Duft verbreitend sein,
O so gaben dir die Götter
  Doch den Farbenglanz allein.
Und des Regenbogens sieben
  Farben sind in dir zerstreut,
Und wir sehen, was wir lieben,
  An dir zu derselben Zeit.

Flora, als sie mit dem Stabe
  Dein Gebild dem Sein geweiht,
Gab sie dir des Duftes Gabe
  Mit dem farbenhellen Kleid.
Aber trauriger Gebärde
  Standen alle Blumen da,
Als, von dir geziert, die Erde
  Deines Glanzes Zauber sah.

Und mit deinem neuen Lose
  Unzufrieden und betrübt,
Sagte Floren nun die Rose,
  Die sie stets zuerst geliebt:
»Wenn die Tulpe, so gestaltet,
  Wie wir itzt sie vor uns sehn,
Unter uns, die Stolze, waltet,
  Müßten wir vor ihr vergehn.

TULIP.

Jeder ihrer tausend Reize
  Jedes Aug bezaubern muß.
Uns begabtest du mit Geize,
  Aber sie mit Überfluß.«
Flora kam, um auszusaugen
  Deinen Blättern ihren Duft:
»Du«, sie sagt's, »erfreust die Augen,
  Sie erfreun die trunkne Luft.«

MARIE LUISE KASCHNITZ

Tulpen

Für Mady

Wenn das blaue Maigewitter droht
Rauscht des Windes Klageruf im Tann
Durch die Beete geht der Tulpentod
Rührt die eine um die andre an.

Schöne Tulpen rot und flammenbunt
Schwarzgefleckte von der fremden Art
Die ihr länger als der junge Mond
Knospengleich auf schlankem Stiel verharrt:

Nicht vom Blitze werdet ihr gestreift
Nicht vom blanken Sensenhiebe wund
Nur, es ist ein Tag herangereift
Da ihr euch enthüllet bis zum Grund

Und begierig den Mänaden gleich
Die des Reigens wilder Rausch berückt
Blütenblatt um Blütenblatt verzweigt
Und das stolze Haupt zur Erde bückt – –

Bis ihr also wild hinübergeht
Sonne, Mond und Sternen aufgetan
Blatt um Blatt verstreuend auf dem Beet –
Rings indessen hebt der Sommer an.

ROSE AUSLÄNDER

An eine Narzisse

Wie dein holdes Blumenleben in der Vase wächst
                    und steigt!
Deine leichten Flügel schweben aus dem Wasser,
                    das dich säugt.

Um den Kelch aus goldner Seide, der sich faltenfein
                    erschließt,
Rankt sich ein Rubingeschmeide, das da flammend
                    überfließt.

Rings zu einem Stern gegliedert sind der Blätter
                    Zartoval:
Eine Seele, weiß befiedert, auf des Stengels
                    hohem Strahl.

Hüllst mich ganz in dein verklärtes, dufterfülltes
                              Frühlingssein
Und ich geh – ein unbeschwertes Kind – in deine
                              Stille ein.

JOHANNES BOBROWSKI

Narzissen

Oft lauf ich in den Garten,
euch wirklich blüh'n zu sehn.
Find' ich, ihr Kühlen, Zarten,
im Blumenglas euch stehn,

scheint ihr so fremd, inmitten
der andern so allein,
wie wenn euch Künstler schnitten
aus lauter Elfenbein.

PAULA LUDWIG

Am Abend fing die rosa Hyazinthe
süß zu duften an
und unaufhaltsam entströmte ihr die Seele

Nie kehrte sie zurück zur welken Blüte

Wer aber klagte über dies –

Nur mit Entzücken erinnern wir uns ihrer
um zu sagen
o wie unvergeßlich süß
die rosa Hyazinthe duftete an jenem Abend

THEODOR STORM

Hyazinthen

Fern hallt Musik; doch hier ist stille Nacht,
Mit Schlummerduft anhauchen mich die Pflanzen.
Ich habe immer, immer dein gedacht;
Ich möchte schlafen, aber du mußt tanzen.

Es hört nicht auf, es rast ohn Unterlaß;
Die Kerzen brennen und die Geigen schreien,
Es teilen und es schließen sich die Reihen,
Und alle glühen; aber du bist blaß.

Und du mußt tanzen; fremde Arme schmiegen
Sich an dein Herz; o leide nicht Gewalt!
Ich seh dein weißes Kleid vorüberfliegen
Und deine leichte, zärtliche Gestalt. – –

Und süßer strömend quillt der Duft der Nacht
Und träumerischer aus dem Kelch der Pflanzen.
Ich habe immer, immer dein gedacht;
Ich möchte schlafen, aber du mußt tanzen.

Fresia

Fresia heißt eine blasse Blüte
Vornehmer, feiner Art.
Ihre Linien sind weich und zart.
Auf dem Seidengelb prangen erglühte
Rosige Schatten.
Fresia füllt mit liebesmatten,
Schweren, süßen Wolken die Luft,
Haucht einen heißen, sündigen Duft,
Der dir indische Märchen erzählt,
Der, vom Winde zerstäubt,
Dich lange noch quält,
Der dich belügt und dich schmeichelnd betäubt.
Ihre Schönheit birgt kein Gemüt.
Du lernst sie hassen.
Fresia mußt du rauh befassen,
Mußt sie töten, eh sie verblüht.
Ihre Schwäche und Güte
Werden von vielen verkannt.
Fresia heißt die Blüte.
Fresia ist auch ein Mädchen,
Das ich nach dieser Blüte benannt.

Die Blumen

Weiß mir ein Blümli blaue,
Von himmelblauem Schein,
Es steht in grüner Aue
Und heißt Vergiß nit mein!
Ich kunnt es nirgend finden,
Was mir verschwunden gar;
Von Reif und kalten Winden
Ist es mir worden fahl.

Das Blümli, das ich meine,
Ist brun, staht auf dem Ried,
Von Art ist es so kleine
Es heißt nun Hab mich lieb!
Das ist mir abgemähet
Wol in dem Herzen mein,
Mein Lieb hat mich verschmähet,
Wie mag ich fröhlich sein?

Das Blümli das ich meine
Das ist rosinenrot,
Ist Herzenstrost genennet
Auf breiter Heid es staht.
Sein Farb ist ihm verblichen,
Der Wolgemut hat verdorrt,
Mein Lieb ist mir entwichen,
Verloren han ich mein Hort.

Weiß mir ein Blümli weiße
Staht mir im grünen Gras,
Gewachsen mit ganzem Fleiße,
Das heißt nun gar Schabab;
Dasselbig muß ich tragen
Wohl diesen Summer lang,
Viel lieber wöllt ich haben
Meins Buhlen Armumfang.

Der Rif mit seinem Zeichen
Verderbt manchs Blümli zart
Kann sich dem Klaffer schmeichen
Mit ungetreuer Art;
Wohl auch nach diesem Summer
Kummt uns der liechte Mai,
Bringt uns die Blümli wieder
Der Farben mancherlei.

Mein Herz das leit in Kummer,
Daß mein vergessen ist.
So hoff ich auf den Summer
Und auf des Maien Frist;
Die Riefen sind vergangen
Darzu der kalte Schnee,
Mein Lieb hat mich umfangen,
Das tut dem Klaffer weh.

EMANUEL GEIBEL

Das Kraut Vergessenheit

Es hat die Mutter mir gesagt, dort hinter jenem Berge,
Der Wolken um den Gipfel hat und Nebel um die
                       Wurzel,
Dort wächst das Kraut Vergessenheit, dort wächst es in
                       den Schluchten.
O wüßt' ich nur den Pfad dahin, drei Tage wollt ich
                       wandern,
Und wollte brechen von dem Kraut, und wollt's im
                       Weine trinken,
Damit ich dich vergessen könnt und deine falschen
                       Schwüre
Und deine Augen, die so oft von Liebe mir gesprochen,
Und deinen süßen, süßen Mund, der tausendmal mich
                       küßte!

ABRAHAM EMANUEL FRÖHLICH

Vettern

Reseda sprach zu Reben:
»Wir sind in allem gleich:
Des Blustes Farbenleben
Ist beiden nicht gegeben,
Die wir so düftereich.«

»Doch wird man zwischen beiden«,
Erwiderten die Reben,
»Noch immer unterscheiden.
Bald sterben deine Düfte;
Wir blühn erst recht im Wein
Mit Gold- und Purpurschein,
Und hauchen Rosendüfte.«

MAX DAUTHENDEY

Resedaduft

Lilakühl das Schweigen nach dem Regen.
Blaue Winde fließen über dunkle Ackerfurchen.
Im lichtgrünen Himmelskelch
Öffnet sich der erste Stern.

JOHANNES BOBROWSKI

Kaiserkrone

Tagtäglich mehr alleine,
und wär' rings nur Geblüh –
so einsam war noch keine,
so königlich wie sie.

Hoch über Blättertreppen
von kühlem Marmelstein.
Ist's nicht, als müßten Schleppen-
Tragende um sie sein?

PETER PAUL ALTHAUS

Ich bin eine Kaiserkrone;
ich wohne
in den feuchten Gärten eines verfallenen Schlosses.
Manchmal erhalte ich den Besuch eines falben Rosses,
auf dem eine schwarze Dame reitet;
diese verbreitet
eine große Hoheit um sich her;
aber rings ist alles verödet und leer,
und die Hoheit verströmt in nicht Vorhandenes.
Wenn ich mich betrachte (in den Augen des falben Rosses
und angesichts des verfallenen Schlosses)
bin ich auch etwas nicht mehr recht Verstandenes.
Aber ich bin – auch ohne –
eine Kaiserkrone.

Pfingstrose

Verhaucht sein stärkstes Düften
  Hat rings der bunte Flor,
Und leiser in den Lüften
  Erschallt der Vögel Chor.

Des Frühlings reichstes Prangen
  Fast ist es schon verblüht –
Die zeitig aufgegangen,
  Die Rosen sind verblüht.

Doch leuchtend will entfalten
  Päonie ihre Pracht,
Von hehren Pfingstgewalten
  Im tiefsten angefacht.

Gleich einer späten Liebe,
  Die lang in sich geruht,
Bricht sie mit mächtgem Triebe
  Jetzt aus in Purpurglut.

BARTHOLD HINRICH BROCKES

Das Blůhmchen:
Je långer je lieber

Jůngst fragt' ich den Gärtner: wie heisst Ihr die Bluhme?
Sie heiss't, war die Antwort: Je långer je lieber.
Ich lachte darůber;
Doch nahm ich den Namen zu Hertzen: es ließ,
Als wann, dem allmåchtigen Schöpfer zum Ruhme,
Dieß Blůhmchen auf folgende Lehren uns wies':

Ihr müsset von Göttlicher Weisheit und Stårcke
Die Proben nicht långer unachtsam verachten!
Ihr můsset des Schöpfers vortreffliche Wercke
Je långer je lieber betrachten!

FRED ENDRIKAT

Der Löwenzahn

Auf der D-Zug-Strecke zwischen Pasewalk und
                              Neuruppin,
wo die Pfefferkuchen wachsen und die Bilderbogen
                              blühn,
steht ein Löwenzahn ganz einsam mitten mang
Kies und Schwellen auf dem Schienenstrang.

Weite Weiden breiten sich zu beiden Seiten,
darauf blühen Löwenzahn an -zahn.
Mittendurch schiebt sich die Eisenbahn
holz- und polsterklassig in die Weiten.
Nur der eine Löwenzahn steht frei und frank,
funkelnd wie ein neues Goldstück gelb und blank,
mitten auf dem Schienenstrang.
Lülam steht am Fenster jenes Ortes,
wo ein jeder tun und lassen kann, soviel und was er will,
steht am Fenster und zerbricht sich still
seinen Kopf im wahrsten Sinn des Wortes
über jenen Löwenzahn dort auf dem Schienenstrang.
Hin und her erwägend, überlegt er stundenlang:
Wie kommt dieser Löwenzahn so einsam mitten mang
Kies und Schwellen auf den Schienenstrang?
War es von dem Löwenzahn ein Akt der Eitelkeit?
Warum hat er sich von den Genossen isoliert?
Ob vielleicht der Feigling ausgerissen,
nur aus Furcht, daß er von einer Kuh gebissen?
Oder hat ihn nur der Zufall dorthin transplantiert?
Oder war es von dem Löwenzahn
weiter nichts als purer, dummer Größenwahn?
Schitt. Was geht es mich an? Laß ihn stehn,
so denkt Lülam schließlich und läßt den Gedanken
                                    fallen.
Draußen mahnt 'ne laute Stimme: Aussteigeeen! –
Statt in Neuruppin war Lülam in Pillkallen.
Auf dem Bahnsteig sitzend, harrt er in Geduld
bis zum Morgen auf den Rückzug schließlich.
Zählt die Sterne, brummt dabei verdrießlich:
»Der verdammte Löwenzahn ist daran schuld!«

Löwenzahn

Fliegen im Juni auf weißer Bahn
flimmernde Monde vom Löwenzahn,
liegst du versunken im Wiesenschaum,
löschend der Monde flockenden Flaum.

Wenn du sie hauchend im Winde drehst,
Kugel auf Kugel sich weiß zerbläst,
Lampen, die stäubend im Sommer stehn,
wo die Dochte noch wolliger wehn.

Leise segelt das Löwenzahnlicht
über dein weißes Wiesengesicht,
segelt wie eine Wimper blaß
in das zottig wogende Gras.

Monde um Monde wehten ins Jahr,
wehten wie Schnee auf Wange und Haar.
Zeitlose Stunde, die mich verließ,
da sich der Löwenzahn weiß zerblies.

Der Löwenzahn

Die weiße Kugel
des Löwenzahns
hat winzige Zähne
aus Hauch

Vielfach versponnen
locker geschlossen
die spinnfeinen Fäden
bleiben beisammen
in ihrem duftigen Bau
aus Fühlern Ordnung und Luft

Wenn nicht der Wind
in sie fährt
bleibt die
empfindlichste Blume
unvermehrt

Löwenzahn

Astralzarte Kugel

laß mich
einen unverläßlichen
Augenblick lang

eh der Wind
dich entatmet

laß mich
dein mathematisches
Wunder
rühmen

HEINRICH HEINE

Die schlanke Wasserlilje
Schaut träumend empor aus dem See;
Da grüßt der Mond herunter
Mit lichtem Liebesweh.

Verschämt senkt sie das Köpfchen
Wieder hinab zu den Welln –
Da sieht sie zu ihren Füßen
Den armen blassen Geselln.

Ich bin eine Lilie;
ich bin verwandt
mit der Heiligen Cäcilie,
der Schutzpatronin der Orgeln, der Geiger, der Cymbalisten;
man gibt mich auf Bildern Engeln in die Hand.

Als neulich auf der Kirchenmauer zwei Tauben sich küßten,
überkam mich ein wundersam-irdisch' Gelüsten ...
... und ich glaube,
daß auch eine Lilie und eine Taube
sich lieben könnten oder gar müßten,
wenn sie mehr voneinander wüßten.

Aber als Symbol der Jungfräulichkeit habe ich Pflichten
und muß auf vieles, was andere dürfen, verzichten.

AUGUST HEINRICH HOFFMANN
VON FALLERSLEBEN

Lilie

Schneerein bist Du erblühet, Lilie!
Lebst so einsam Dein duftendes Leben!
Meinst, Dich könnte nun niemand erreichen
Und Dich mit Liebesgruß umschweben!

Liebchen, umsonst! Dich hab ich gefunden
Auf des Frühlings blühenden Matten.
Mit Dir, Lilie, muß ich vergehen,
Denn im Leben bin ich Dein Schatten.

GEORG VON DER VRING

Iris bei Nacht

Wie reglose blaue Falter
Schweben die Iris am Stiel.
Die Mauer ist grau vor Alter
Und schwarz, wenn der Abend fiel.

Wie reglose blaue Falter
Schimmern sie noch in der Nacht.
Die Mauer ist schwarz vor Alter.
Ich bin bei den Iris erwacht.

Wie reglose blaue Falter
Rühren sie mir ans Gesicht.
Die Mauer ist schwarz vor Alter.
Iris, wir kennen uns nicht.

RUDOLF ALEXANDER SCHRÖDER

An die Nelke

Blume, runder Sternenkreis,
Du, der Rose jüngre Schwester,
die sich stolzer noch und fester
In sich selbst zu schließen weiß,

Offen weisest du dein Herz;
Aber zwo gerollte Flammen
Züngeln über ihm zusammen,
Zückend brünstig himmelwärts

Bittersüßen Würzgeruch,
Feuerstrahl aus dunklen Schlüften;
Und doch schwebst du rank in Lüften
Wie der Falter, dein Besuch.

Blühst im Fenster noch, wenn neu
Sich der Garten vorbereitet,
Schöne Blume, die mich treu
Durch das ganze Jahr begleitet.

JOHANN WILHELM LUDWIG GLEIM

Ermahnung zur Weisheit

Laßt uns weise sein,
Beim Geruch der Nelken!
Freunde, zieht ihn ein,
Ehe sie verwelken.

Laßt uns weise sein,
Weil uns Lust und Leben,
Weil uns Durst und Wein
Noch die Götter geben.

MAX HERRMANN-NEISSE

Die Nelken

Der Nelkenduft, den meine Mutter liebte,
weht jetzt mir zu aus diesen fremden Beeten.
Wer dachte einst, ich müßte je betreten
dies ferne graue Land, das ungeliebte?

Wenn ich vom Markt am Samstag Nelken brachte,
fand ich ein Sträußchen bald an jedem Platze,
da meine Mutter mit dem Blumenschatze
den ganzen Schank zum Nelkenhäuschen machte.

Sie selbst trug ein paar Nelken an der Bluse,
und aus dem Bierdunst und der Gäste Lärmen
entschwebte sie mit mädchenhaftem Schwärmen
verzaubert als des Blütenmärchens Muse.

Der Duft umgab uns, wenn wir Verse lasen,
ich und die Mutter, wie verschworen beide,
ganz hingegeben dem erdachten Leide,
und Nelken prangten rings in allen Vasen.

Die Zeiten milder Glücklichkeit vergingen,
die Mutter löste längst sich aus dem Leben,
und mir war es nicht einmal mehr gegeben,
ein Nelkensträußchen ihrem Grab zu bringen.

Nun sucht die fremde Luft, die ungeliebte,
mich plötzlich durch Erinnrung zu verführen,
mit wohlvertrautem Hauche zu berühren,
dem Nelkenduft, den meine Mutter liebte.

RAINER MARIA RILKE

Rose, du thronende, denen im Altertume
warst du ein Kelch mit einfachem Rand.
Uns aber bist du die volle zahllose Blume,
der unerschöpfliche Gegenstand.

In deinem Reichtum scheinst du wie Kleidung um
                                    Kleidung
um einen Leib aus nichts als Glanz;
aber dein einzelnes Blatt ist zugleich die Vermeidung
und die Verleugnung jedes Gewands.

Seit Jahrhunderten ruft uns dein Duft
seine süßesten Namen herüber;
plötzlich liegt er wie Ruhm in der Luft.

Dennoch, wir wissen ihn nicht zu nennen, wir raten
Und Erinnerung geht zu ihm über,
die wir von rufbaren Stunden erbaten.

GERTRUD KOLMAR

Die schönen Wunder

Die schönen Wunder aus den sieben Reichen,
Die bald Zitronenfalter, groß an Stielen,
Bald Zwergflamingos, die in Büsche fielen,
Bald Muscheln sind aus zauberstillen Teichen,

O meine Rosen. Herzen. Mögt ihr bleichen,
Erschlafft, erschöpft von weißen Sonnenspielen,
Verzehrt vom Überschwang, dem Allzuvielen;
Tragt singend euch zu Grabe, süße Leichen!

Ich will euch doch vom lieben Zweig nicht trennen,
Euch nicht im engen, lauen Glase wissen,
Die kurze Spanne Blühn euch kunstreich dehnen.

O gut: an unermeßnem Glanz verbrennen,
Statt, von der heißen Erde fortgerissen,
Ein langes schales Leben hinzusehnen.

Ist's möglich, daß ich Liebchen dich kose,
Vernehme der göttlichen Stimme Schall!
Unmöglich scheint immer die Rose,
Unbegreiflich die Nachtigall.

BERTOLT BRECHT

Ach, wie sollen wir die kleine Rose buchen?

Ach, wie sollen wir die kleine Rose buchen?
Plötzlich dunkelrot und jung und nah?
Ach, wir kamen nicht, sie zu besuchen
Aber als wir kamen, war sie da.

Eh sie da war, ward sie nicht erwartet.
Als sie da war, ward sie kaum geglaubt.
Ach, zum Ziele kam, was nie gestartet.
Aber war es so nicht überhaupt?

JOHANN WOLFGANG GOETHE

Als Allerschönste bist du anerkannt,
Bist Königin des Blumenreichs genannt;
Unwidersprechlich allgemeines Zeugnis,
Streitsucht verbannend, wundersam Ereignis!
Du bist es also, bist kein bloßer Schein,
In dir trifft Schaun und Glauben überein;
Doch Forschung strebt und ringt, ermüdend nie,
Nach dem Gesetz, dem Grund Warum und Wie.

JOHANN GOTTFRIED HERDER

Palast des Frühlings

Spanisch

Alle Töchter der Aurora,
Alle Blumen in dem Garten,
Standen hoffend, standen wartend
Auf die königliche Rose.

Und da ging sie majestätisch
Auf, auf ihrem grünen Throne.
Rings um ihren Königspurpur
Stand der Dornen scharfe Wache.

Und sie blickte liebreich nieder,
Sie gebildet von der Liebe,
Und die Blumen alle neigend
Grüßen sie mit stummer Ehrfurcht.

Die bewundert ihre Schönheit,
Jene liebet ihre Güte,
Diese buhlt um ihre Gnade,
Hundert neiden ihre Reize.

Und der Amor ihrer aller,
Der sie alle liebgewinnet,
Allen ihre Süße raubet,
Und nur mit dem Stachel lohnet,

Summend kam die freche Biene,
Lüstend auch nach ihrem Busen;
Doch Ein Blick verjagt den Räuber,
Und verschloß den keuschen Busen.

Und die Nelken stehen neidig,
(Prinzessinnen von Geblüte.)
Die Jasmine, deren weiße
Frische selbst die Venus heuchelt,

Die Narzisse bei der Quelle,
Die nur sie, nicht sich mehr siehet;
Und die Lilie der Unschuld,
Schmachtend in der Liebe Tränen.

Hyazinthen, Anemonen,
Und die Damen ihres Hofes
Spröde Tulpen, die nicht duften,
Aber prangen und stolzieren –

Alle stehen, alle warten,
Welche Freundin sie erwähle?
Und sie wählt das stille Veilchen,
Aller Blumen Erstgeborne,

Das im Grase sich verhüllet,
Und schon, eh es da ist, duftet,
Duftet frühe Lenzerquickung,
Und die Hoffnung aller Schwestern.

Alsobald im Lorbeerwalde
Ihres Königsparadieses
Fangen jauchzend vor Entzückung
Nachtigallen an zu schlagen;

Und so oft im grünen Frühling
Dieser Palast wiederkehret,
Singen Schäferin und Schäfer
Nur das Veilchen und die Rose.

RICHARD DEHMEL

Die Rose

Ich habe den Traum der Rose belauscht,
der keusch vom kühlen Duft umsprüht
aus ihrer Blumenseele glüht;
ich hab ihn mit allen Sinnen belauscht
und mich berauscht.

Vom Sonnenstrahl hat sie geträumt,
der tags in ihren Adern gärt,
sie nachts mit Tau und Mondlicht nährt,
der wild für sie durchs Luftmeer schäumt,
damit sie träumt.

Doch von dem Goldkäfer weiß sie nicht,
der mühsam ihren Kelch erklimmt,
von ihrem Duft betäubt sich krümmt,
den ihre rote Glut ersticht;
sie achtet's nicht.

So prangt die Rose in keuscher Pracht
und freut sich ihrer Glut und lacht:
Ich habe die herrlichste Seele, Ich,
ich bin die Königin sicherlich
von meinen Blumenschwestern!

Und stahlblau kommt ein Falter geschwirrt,
der ihr von Liebe surrt und girrt.
Dem haucht sie gnädig zu: laß ab,
sonst wird mein glühender Schoß dein Grab,
ich bin die Braut des Lichtes!

Doch als der dritte Mittag kam,
seit ich den Traum der Rose vernahm,
da hing ihr königliches Haupt
im Sonnenglanz gebeugt, verstaubt,
vom heißen Licht erstochen.

GOTTFRIED KELLER

Rosenglaube

Dich zieret dein Glauben, mein rosiges Kind,
Und glänzt dir so schön im Gesichte!
Es preiset dein Hoffen, so selig und lind,
Den Schöpfer im ewigen Lichte!
So loben die tauigen Blumen im Hag
Die Wahrheit, die ernst sie erworben:
Solange die Rose zu denken vermag,
Ist niemals ein Gärtner gestorben!

Die Rose, die Rose, sie duftet so hold,
Ihr dünkt so unendlich der Morgen!
Sie blüht dem ergrauenden Gärtner zum Sold,
Der schaut sie mit ahnenden Sorgen.
Der gestern des eigenen Lenzes noch pflag,
Sieht heut schon die Blüte verdorben –
Doch seit eine Rose zu denken vermag,
Ist niemals ein Gärtner gestorben!

Drum schimmert so stolz der vergängliche Tau
Der Nacht auf den bebenden Blättern;
Es schwanket und flüstert die Lilienfrau,
Die Vögelein jubeln und schmettern!
Drum feiert der Garten den festlichen Tag
Mit Flöten und feinen Theorben:
Solange die Rose zu denken vermag,
Ist niemals ein Gärtner gestorben!

KURT MARTI

der rat der rose

I

glaube? ein rosenwildling
das licht eines lächelns:
flüchtig ach ja
man baut
kein bollwerk damit

II

bleib aufrecht
rät die rose
zeig dornen
sei stolz

beuge dich
nur der liebe

HEINRICH HEINE

Der Schmetterling ist in die Rose verliebt,
Umflattert sie tausendmal,
Ihn selber aber, goldig zart,
Umflattert der liebende Sonnenstrahl.

Jedoch, in wen ist die Rose verliebt?
Das wüßt ich gar zu gern.
Ist es die singende Nachtigall?
Ist es der schweigende Abendstern?

Ich weiß nicht, in wen die Rose verliebt;
Ich aber lieb euch all:
Rose, Schmetterling, Sonnenstrahl,
Abendstern und Nachtigall.

WILHELM BUSCH

Duldsam

Des morgens früh, sobald ich mir
Mein Pfeifchen angezündet,
Geh ich hinaus zur Hintertür,
Die in den Garten mündet.

Besonders gern betracht ich dann
Die Rosen, die so niedlich;
Die Blattlaus sitzt und saugt daran
So grün, so still, so friedlich.

Und doch wird sie, so still sie ist,
Der Grausamkeit zur Beute;
Der Schwebefliegen Larve frißt
Sie auf bis auf die Häute.

Schluppwespchen flink und klimperklein,
So sehr die Laus sich sträube,
Sie legen doch ihr Ei hinein
Noch bei lebend'gem Leibe.

Sie aber sorgt nicht nur mit Fleiß
Durch Eier für Vermehrung;
Sie kriegt auch Junge hundertweis
Als weitere Bescherung.

Sie nährt sich an dem jungen Schaft
Der Rosen, eh sie welken;
Ameisen kommen, ihr den Saft
Sanft streichelnd abzumelken.

So seh ich in Betriebsamkeit
Das hübsche Ungeziefer
Und rauche während dieser Zeit
Mein Pfeifchen tief und tiefer.

Daß keine Rose ohne Dorn,
Bringt mich nicht aus dem Häuschen.
Auch sag ich ohne jeden Zorn:
Kein Röslein ohne Läuschen!

DETLEV VON LILIENCRON

Die letzte Rose

Die Fahne der Vergessenheit,
Sie mußte lange wehen:
Auf meinen Wegen traf ich die,
Die lang ich nicht gesehen.

Woher, wohin, wie ging es dir,
Du hast so schmale Wangen;
Wenn Zeit du hast, komm mit. Bald hat
Sie mir am Arm gehangen.

An einem Flusse schritten wir,
Und in den alten Garten
Sind wir getreten, wo wir einst
Sehnsüchtig auf uns harrten.

Wir sprachen viel, wir lachten auch,
Erzählten uns Geschichten.
Wie anders damals. Heute wars
Ein mühelos Verzichten.

Wir kehrten in die Stadt zurück.
Von neuem riß der Faden.
Doch eh wir schieden, blieb ich stehn
Vor einem Blumenladen.

Die schönste Rose wählt ich aus,
Für sie die letzte Spende,
Und küßte ihr zum letzten Mal
Dankbar die lieben Hände.

Zwei Straßenbahnen kreuzten sich,
Als wir das Haus verlassen.
Wir stiegen ein – in Nord und Süd
Verschlangen uns die Gassen.

GOTTFRIED BENN

Rosen

Wenn erst die Rosen verrinnen
aus Vasen oder vom Strauch
und ihr Entblättern beginnen,
fallen die Tränen auch.

Traum von der Stunde Dauer,
Wechsel und Wiederbeginn,
Traum – vor der Tiefe der Trauer:
blättern die Rosen hin.

Wahn von der Stunden Steigen
aller ins Auferstehn,
Wahn – vor dem Fallen, dem Schweigen:
wenn die Rosen vergehn.

GEORG VON DER VRING

Die letzte Rose

Wer hat dieser letzten Rose
Ihren letzten Duft verliehn?
Tritt hinaus ins Sonnenlose,
Atme ihn und spüre ihn,

Wie er rot im Offenbaren
Und verschwebender wie Wein
Wesen kündet, die nie waren
Und die hier nie werden sein.

JOHANN WOLFGANG GOETHE

Nun weiß man erst, was Rosenknospe sei,
Jetzt, da die Rosenzeit vorbei;
Ein Spätling noch am Stocke glänzt
Und ganz allein die Blumenwelt ergänzt.

EUGEN ROTH

Die Rose

Als sich die Rose erhob, die Bürde
Ihres Blühens und Duftens zu tragen
Mit Lust:
Hat sie, daß es der letzte sein würde
Von ihren Tagen,
Noch nichts gewußt.

Nur, daß sie glühnder noch werden müßte,
Reiner und seliger hingegeben
Dem Licht
Spürte sie – ach, daß zum Tode sich rüste
So wildes Leben,
Bedachte sie nicht ...

Als dann am Abend mit Mühe der Stengel
Ihre hingeatmete Süße
Noch trug,
Hauchte sie, fallend dem kühlen Engel
Welk vor die Füße:
»War es genug?«

NIKOLAUS LENAU

Welke Rose

In einem Buche blätternd, fand
Ich eine Rose welk, zerdrückt,
Und weiß auch nicht mehr, wessen Hand
Sie einst für mich gepflückt.

Ach, mehr und mehr im Abendhauch
Verweht Erinnrung; bald zerstiebt
Mein Erdenlos, dann weiß ich auch
Nicht mehr, wer mich geliebt.

FRIEDRICH HALM

Buch und Rose

Ein altes Buch in pergamentnem Band,
Jahrhunderte vielleicht nicht aufgeschlagen –
Weil fremd sein Wort erklingt aus fremdem Land,
Und alte Dichter wenigen behagen –
Ein altes Buch fiel jüngst mir in die Hände,
Und wie ich träumend seine Blätter wende,
Und Moderstäubchen wirbelnd mich umfliegen,
Seh staunend ich in seinem Schoß verdorrt,
Doch Lenzesduft noch hauchend fort und fort,
Verblichen, farblos eine Rose liegen.

Wo blühte sie? – Vielleicht am Ebrostrand? –
Denn dorther stammen Dichter, Buch und Lieder –
Vielleicht einst von Alhambras Marmorwand
Hing duftend sie an schwankem Zweige nieder?
Und wer sie brach? War's eine Frauenhand,
Die flüchtend sie in dies Asyl geborgen?
Empfing ein Ritter sie als Liebespfand
Am Abend, und vergaß sie hier am Morgen?
Schloß Absicht, Zufall sie in diesen Band,
Ein stummer Gruß, den Liebe gab und fand,
Ein Zeichen nur für eine Musterstelle?
Wer weiß es? – Riß des Zeitenstromes Welle
Doch alle fort in rascher dunkler Flut,
Die einst sie pflückend sich an ihr erfreuten,
Die hier sie wahrten, oder hier verstreuten;
Nur sie in ihres Dichters treuer Hut,
Nur sie, ob auch vertrocknet und verdorrt,
Sie duftet Lenzeshauch noch fort und fort!

Ich aber sah auf Buch und Rose nieder,
Und Tränen netzten mir die Augenlider,
Und deine Züge stiegen klar und rein
Vor mir empor in hellem Strahlenschein,
Und diese Worte hallten in mir wider:
»Hüll Nacht und Dunkel meinen Namen ein!
Sie legte in die Blätter meines Lebens,
In dieses Buch verlornen eitlen Strebens,
Der Liebe frische Rose mir hinein!
Bedecke Staub fortan den armen Band,
Und lieg er unberührt, unaufgeschlagen,
Und flieh der Lenz mit seinen Sonnentagen,
Der sie und mich einst frisch und glücklich fand,
Wie Traum dahin im Schwall der Zeitenflut,

Es blüht in ihres Dichters treuer Hut
Die Rose doch; es haucht ein Tag, ein Wort
Mir Lenzesduft durchs ganze Leben fort.«

GUSTAV FALKE

Das Mohnfeld

Es war einmal, ich weiß nicht wann
und weiß nicht wo. Vielleicht ein Traum.
Ich trat aus einem schwarzen Tann
an einen stillen Wiesensaum.

Und auf der stillen Wiese stand
rings Mohn bei Mohn und unbewegt,
und war bis an den fernsten Rand
der rote Teppich hingelegt.

Und auf dem roten Teppich lag,
von tausend Blumen angeblickt,
ein schöner, müder Sommertag,
im ersten Schlummer eingenickt.

Kein Hauch. Kein Laut. Ein Vogelflug
bewegte kaum die Abendluft.
Ich sah kaum, wie der Flügel schlug,
ein schwarzer Strich im Dämmerduft.

Es war einmal, ich weiß nicht wo.
Ein Traum vielleicht. Lang ist es her.
Ich seh nur noch, und immer so,
das stille, rote Blumenmeer.

PAUL CELAN

Mohn

Die Nacht mit fremden Feuern zu versehen,
die unterwerfen, was in Sternen schlug,
darf meine Sehnsucht als ein Brand bestehen,
der neunmal weht aus deinem runden Krug.

Du mußt der Pracht des heißen Mohns vertrauen,
der stolz verschwendet, was der Sommer bot,
und lebt, daß er am Bogen deiner Brauen
errät, ob deine Seele träumt im Rot.

Er fürchtet nur, wenn seine Flammen fallen,
weil ihn der Hauch der Gärten seltsam schreckt,
daß er dem Aug der süßesten von allen
sein Herz, das schwarz von Schwermut ist, entdeckt.

Mohn

Unser Garten blüht,
ein Flecken Mohn hinterm Zaun.
Wir dürfen ihn nicht betreten.

Einem zerrißnen Gemüt
tut es wohl, ihn zu schaun,
das laute Rot in den Beeten,

oder zu denken: wenn er verblüht,
einen Trank zu braun,
den Schlaf in den Teig zu kneten.

Oh Mohn, wie er noch glüht
Kriegern und Fraun!
Unsere Stunden verwehten.

JOHANN WOLFGANG GOETHE

Klatschrose

Fern erblick' ich den Mohn; er glüht. Doch komm' ich
dir näher,
Ach, so seh' ich zu bald, daß du die Rose nur lügst.

KARL HEINRICH WAGGERL

Rittersporn

Als Georg mit dem Drachen focht,
da hat der Wurm es noch vermocht,

daß er ihm mit dem letzten Biß
das Sporenrad vom Stiefel riß.

Der Heilige, so arg versucht,
hat nicht gelästert, nicht geflucht,

und dafür wuchs, zu seinem Ruhme,
aus jenem Sporn die blaue Blume.

HEINRICH HEINE

Die Lotosblume ängstigt
Sich vor der Sonne Pracht,
Und mit gesenktem Haupte
Erwartet sie träumend die Nacht.

Der Mond, der ist ihr Buhle,
Er weckt sie mit seinem Licht,
Und ihm entschleiert sie freundlich
Ihr frommes Blumengesicht.

Sie blüht und glüht und leuchtet,
Und starret stumm in die Höh;
Sie duftet und weinet und zittert
Vor Liebe und Liebesweh.

LUDWIG UHLAND

Die Malve

Wieder hab ich dich gesehen,
Blasse Malve! blühst du schon?
Ja! mich traf ein schaurig Wehen,
All mein Frühling welkt davon.
Bist du doch des Herbstes Rose,
Der gesunknen Sonne Kind,
Bist die starre, düftelose,
Deren Blüten keine sind.

Gerne wollt ich dich begrüßen,
Blühtest du nicht rosenfarb,
Lögst du nicht das Rot der Süßen,
Die noch eben glüht' und starb.
Heuchle nicht des Lenzes Dauer!
Du bedarfst des Scheines nicht;
Hast ja schöne, dunkle Trauer,
Hast ja weißes, sanftes Licht.

CHRISTMAS ROSE.

ROSA MARIA ASSING

Das seltene Blümlein

O Mädchen sprich, was suchest du
Wohl auf der duftgen Au?
Ich sah der Blumen mancherlei,
Die glänzen schön im Tau.

Doch gehest du die Blümelein
Ja allesamt vorbei;
So laß mich wissen, liebes Kind,
Was denn dein Suchen sei?

»Ich suche wohl, und find' es nicht,
Ein Blümchen wunderschön;
Ich sucht es schon im dunkeln Wald,
Im Tal und auf den Höhn.«

O sag, wie heißt das Blümchen denn,
Das deiner Wünsche Ziel?
Wer weiß, ich zeig es dir vielleicht,
Ich kenn der Blumen viel.

»Vergebens sinn ich, wie es heißt,
Wie Mutter es genannt;
Ich hörte nur, wie sie's beschrieb,
Da bin ich fortgerannt.

Das Mädchen, das dies Blümchen fand,
Das preise hoch sein Glück;
Dies Blümchen schützt als Talisman
In Not und Mißgeschick.«

O hör, mich dünkt, ich hab es schon:
Da blühet rosenrot
Ein wunderbares Blümlein auf,
Das lindert Weh und Not.

Es blühet freundlich jedem auf
Im Lebens Frühlingsschein;
Mag nicht das, was die Mutter meint,
Das Blümchen *Liebe* sein?

»Das Blümchen Liebe ist es nicht,
Das ist mir wohl bekannt;
Nein, jen's ist seltner, anders auch
Hat Mutter es genannt.

Sie sagt: es wähnte manche schon,
Daß sie das Blümchen fand,
Doch war es stets das rechte nicht,
Und welkt' in ihrer Hand.«

Da steht ein andres Blümlein schön,
Das glänzt und strahlt wie Gold,
Das nennen wir die *Freundschaft* hier,
Das ist auch vielen hold.

»Ach nein, auch Freundschaft ist es nicht,
Auch das ist mir bekannt;
Nein, jenes ist viel seltner noch,
Wird anders auch genannt.«

Da ist noch eins, das *Freude* heißt.
Dies liebe Blümchen lacht
Und duftet süß für Alt und Jung
In vieler Farben Pracht.

»Das heitre Blümchen kenn ich wohl,
Es sprießet immer neu! –
Doch halt! ich hab's, mein Blümchen heißt,
Es heißt die *Männertreu*.«

Die Männertreu! ja gutes Kind,
Du bist umsonst bemüht;
Die findest du wohl nimmermehr,
Die ist schon lang verblüht!

Die blühet gleich der Aloe
All hundert Jahre neu;
Drum findet unter Hunderten
Kaum Eine Männertreu!

RAINER MARIA RILKE

Blaue Hortensie

So wie das letzte Grün in Farbentiegeln
sind diese Blätter, trocken, stumpf und rauh,
hinter den Blütendolden, die ein Blau
nicht auf sich tragen, nur von ferne spiegeln.

Sie spiegeln es verweint und ungenau,
als wollten sie es wiederum verlieren,
und wie in alten blauen Briefpapieren
ist Gelb in ihnen, Violett und Grau;

Verwaschnes wie an einer Kinderschürze,
Nichtmehrgetragnes, dem nichts mehr geschieht:
wie fühlt man eines kleinen Lebens Kürze.

Doch plötzlich scheint das Blau sich zu verneuen
in einer von den Dolden, und man sieht
ein rührend Blaues sich vor Grünem freuen.

Rosa Hortensie

Wer nahm das Rosa an? Wer wußte auch,
daß es sich sammelte in diesen Dolden?
Wie Dinge unter Gold, die sich entgolden,
enttröten sie sich sanft, wie im Gebrauch.

Daß sie für solches Rosa nichts verlangen.
Bleibt es für sie und lächelt aus der Luft?
Sind Engel da, es zärtlich zu empfangen,
wenn es vergeht, großmütig wie ein Duft?

Oder vielleicht auch geben sie es preis,
damit es nie erführe vom Verblühn.
Doch unter diesem Rosa hat ein Grün
gehorcht, das jetzt verwelkt und alles weiß.

MAX DAUTHENDEY

Windenblüten

Morgens stehn der Windenblüten
Feine Tüten an dem Rain,
Sind wie Augen voll von Frische
Am grasgrünen Lebenstische.

Abends liegen sie daneben,
Gar nichts kann sie mehr beleben.
Sind wie Zecher, die genossen,
Ihre Becher umgestoßen.
Keiner kann mehr nüchtern stehn,
Wer der Lieb' ins Glas gesehn.

BARTHOLD HINRICH BROCKES

Die Sonnen-Blume

Auf, auf! mein Herz, auf, auf! betrachte, Gott zum
Ruhme,
Das Majestätische Gewächs, die Sonnen-Blume,
Die, wenn man sie mit ernstem Blick besieht,
In solcher Pracht, in solchem Schimmer blüht,
Daß, wenn man sie nach Würden ehren wollte,
Man sie die Kaiserinn der Blumen heissen sollte.

Sie sitzt nicht nur auf einem hohen Throne;
Sie prangt nicht nur mit einer güldnen Krone;
Sie unterscheidet sich nicht durch die Größe nur:
Ganz ungemein ist die vortreffliche Figur.
Sie trägt das Bild von aller Blumen Wonne,
Ernehr- und Zeigerinn, Glanz, Seel und Licht, der Sonne.

Wenn man die Zeit bedenkt,
In welcher sie erscheint; so ist es eben die,
Da sich die Sonn', ihr Urbild, von uns lenket,
Es scheint daher, als wenn die Sonne selbst durch sie
Sich ein Gedächtniß stiften wolle,
Damit man, was ihr Wunder-Licht
Zur Sommer-Zeit bey uns verricht,
So schleunig nicht vergessen solle.

Ach säh doch jedermann
Also die Sonnen-Blumen an!
Man würde wahrlich sich bestreben,
Für die empfangne Huld den Schöpfer zu erheben,
Voll Hoffnung: Unser Gott werd' uns die Gnade
                                        geben,
Den Sommer wiederum mit Freuden zu erleben

Man heist die Blume Sonnen-Wende,
Man sieht sie auch meist gegen Mittag stehn.

Ach möcht' auch ich von dieser Blume lernen,
Und stets nach Gott, dem Licht und Born der Sternen,
Der aller Sonnen Sonne, sehn!
Mein Herz, sey immer dazu fertig!
Es ist die Sonn' allgegenwärtig;
Man brauchet nicht, sich nach ihr hin zu drehn.

CONVOLVULUS AND PEA.

Kein Mensch, der wie ein Mensch gedenkt, kann sonder
                              Freude
Das zierliche Gewächs, das künstliche Gebäude
Von dieser Wunder-Pflanze sehn.
Der starre Fuß gleicht eines Baumes Stamm,
Die grüne Rûnde deckt ein rechtes Holz. Voll Röhren
Ist das Schneeweiße Mark, und löchricht, wie ein
                              Schwamm.
Ein großes, Herzenförmigs Blatt,
Das nicht, wie andre Blätter, glatt,
Nein, das zusammt den Stiel mit Zäserchen umringt;
Bedeckt den Ursprung von den Zweigen,
An deren Spitzen sich die gelben Blumen zeigen
Auf einer grünen Blum', aus der das Gold entspringt,
So unser Aug' ergetzt.

Die Blume selbst sieht aus, wie wir die Sonne malen.
Ihr Leib ist rund, wie sie; es gleichen güldnen Strahlen
Der gelben Blätter nette Spitzen,
Die rings um ihren Körper blitzen,
Der meistens gelb, oft aber, wann er reift,
Und sich das kleine Heer der braunen Blumen häuft,
Das ihn zuletzt bedeckt, dem Purpur ähnlich siehet.
Schau, wie in dieser Dunkelheit,
Als wie durch ein Gewölk, in holder Zierlichkeit,
Und einem mehr als güldnen Glanz,
Ein rechter Strahlenreicher Kranz
Von kleinen Sternen blüht und glühet!

Seh' ich der Sonnen-Blume Pracht,
Und in derselbigen solch eine Sternen Menge;
So denk' ich an das schimmernde Gepränge
Des funkelnden Gestirns in einer heitern Nacht:

Da nemlich (wie wir es nicht leugnen können)
In dem unendlich tief- und weiten Abgrunds-Thal
Viel helle Sonnen ohne Zahl
In unerloschnem Schimmer brennen:
Und wie wir solche Sterne nennen;
So sieht die Sonnen-Blum' auch sternenförmig aus.
Ja, wie die Sterne dort verschiedner Größe seyn,
So trifft auch dieß bei Sonnen-Blumen ein,
Indem wir einige bey ihnen
In angenehmen, holden, grünen,
So wie wir dort in blauen Gründen
Von dritter, anderer und erster Größe finden.

Ach möcht' ich doch durch dieses Sternen-Bild
Mein Sinnen oft in jene Tiefe senken,
Und an die Majestät gedenken,
So die unendlich tiefe Gruft
Der unergründlich-weiten Luft
Mit hundert tausend Sonnen füllt,
Und welche Millionen Erden,
Daß sie von ihrem Licht' erwärmt, belebet werden,
Durch bloßes Wollen macht!
Vor diesem hellen Glanz und wunderbarer Pracht
Des undurchdringlichen selbständig ewgen Lichts
Wird meine Seel' im Denken ganz zu Nichts.
Ach laß doch großes All, zu deinem Ruhm allein
Auf solche Weis' in dir mich oft vernichtigt seyn!

Sonnenblumen

Wo, eisenumgittert,
Im Vorgärtchen,
Die Sonnenblume
Ihr mächtiges Haupt
Hebt zu dem Fenster hinauf,
Und ihr gespiegeltes Bild
Neidvoll und lachend erblickt:
Der Schwester Gesicht
Im goldenen Kleide –
Im Winde
Schwanken sie beide,
Wie es dem Winde gefällt,
Und trunken vom Licht
Verneigen voreinander sie sich,
Die Getrennten,
Und reden, du hörsts nicht,
Von ihrer sprachlosen Welt.

MAX DAUTHENDEY

Sonnenblumen

Sonnenblumen schauen über die Gartenmauer,
Wie in goldenen Hauben Gesichter von Frauen.
Sie sehen aus goldgelben Krausen heraus
Hochaufgerichtet wie zur ewigen Dauer;
Wie Riesinnen, die Wache bei den Lauben stehen,
Bei den Sommerlauben von hochroten Bohnenblüten.
Drinnen Tisch und Bänke und Gedanken nicht vom
                                    Flecke gehen;
Wo die Worte sich hüten, und die Augen viel gestehen
                                    und groß aussehen
Wie die großgelben Blumen, die sich nach der Sonne
                                    drehen,
Wie die Blumen, die goldene Räder werden an Wagen,
Die mit den Verliebten durch den Sommerhimmel jagen
Und eitel Liebeswünsche tragen.

GEORG VON DER VRING

Späte Blume

Noch fliegt am Weg die Libelle.
Ich nahm von der Gartenschwelle
Das Rot einer Phloxblume mit.
Für wen, um die Blume zu zeigen?
Im Flur sie im Spiegel zu neigen
An mein vergeßnes Gesicht.
Vergißt am Weg die Libelle
Das Rot einer Phloxblume nicht?

HERMANN VON GILM

Die Georgine

Warum so spät erst, Georgine?
Das Rosenmärchen ist erzählt,
Und honigsatt hat sich die Biene
Das Bett zum Schlummer schon gewählt.

Sind nicht zu lang dir diese Nächte,
Die Tage nicht zu schnell dahin?
Wenn ich dir jetzt den Frühling brächte,
Du feuergelbe Träumerin!

Wenn ich mit Maitau dich benetzte,
Begösse dich mit Juni-Licht!
Doch ach, dann wärst du nicht die Letzte,
Die stolze Einzige auch nicht.

Du spät gebornes Kind der Sonne,
Ich reich dir brüderlich die Hand,
Ich hab' des Lebens Frühlingswonne
Wie du den Maitag nie gekannt.

Und spät wie dir, du feuergelbe,
Stahl sich die Liebe mir ins Herz,
Ob spät, ob früh, es ist dasselbe
Entzücken und derselbe Schmerz.

HEPATICA AND DAPHNE.

CHRISTIAN MORGENSTERN

Marguerite

Du standst vor einem Blumenglas am Fenster
und legtest deine Hand
mit einer schönen
unendlich gütigen Bewegung
um eine Marguerite,
ihr von unten her
den Blätterkreis mit der
gekrümmten Hand
verengend
und sie mit einem Seufzer –
mir wenigstens erschien es so –
und voller Liebe anblickend,
daß ich empfand,
daß zwischen dir und jener Blume sich
Geheimnis stiller Zwiesprache
verberge. –
Und wie ich heute selbst
das gleiche Spiel,
mein selber lächelnd, treibe
und »mit Schmerzen« ende, –
lächle ich nicht mehr –
und denke jenes Abends an dem Fenster
und jener traurig-gütigen Gebärde.

ROSE AUSLÄNDER

Margerite

Margerite ich rupfe und
zähle die Liebe
zu schnell zu Boden gefallen
die weißen Blättchen
auch wenn ich die gelben
Samenfäden mitzähle
zu schnell beendet die Liebe

Nicht so
wir müssen anders
zählen lernen
um der Liebe willen

JOHANNES BOBROWSKI

Strohblume

Verständig, einfach, bieder –
Erschüttert hat dich nie,
nicht einmal hin und wieder,
ein Hauch von Phantasie.

Steckst du in Blechgefäßen,
thronst du auf Tantens Hut,
du bleibst, was du gewesen,
weil nichts dir wehe tut.

GOTTFRIED BENN

Astern

Astern – schwälende Tage,
alte Beschwörung, Bann,
die Götter halten die Waage
eine zögernde Stunde an.

Noch einmal die goldenen Herden
der Himmel, das Licht, der Flor,
was brütet das alte Werden
unter den sterbenden Flügeln vor?

Noch einmal das Ersehnte,
den Rausch, der Rosen Du –
der Sommer stand und lehnte
und sah den Schwalben zu,

noch einmal ein Vermuten,
wo längst Gewißheit wacht:
die Schwalben streifen die Fluten
und trinken Fahrt und Nacht.

HANS CAROSSA

Entwicklung einer Zinnie

Knospe, halb erwacht
In Gewitternacht ...
Kern von samtenem Rubin,
Schuppiger Kelch umwindet ihn;
Doch dem Rand entschlüpfen viele
Gelbe Stifte, grüne Stiele,
Und das unvollkommene Rund
Ordnet sich von Stund zu Stund ...
Aus den Stielen, aus den Stiften
Scheinen Flügel sich zu lüften,
Blättchen fein wie Faltergold,
Noch zu Hülsen eingerollt,
Jedes Blättchen auserwählt
Und von Elfenhand gezählt, –
Noch ein einziger Tageslauf,
Und die Hülsen tun sich auf,
Sind von Purpur schon durchdrungen,
Glätten sich zu seidnen Zungen,
Und die Zünglein all, die schmalen,
Schlürfen unsichtbare Strahlen,
Blühn sich aus mit Ätherlust
In dem seligen August ...

In der Mitte, hold erlesen,
Webt ein Ring von Staubgefäßen
Und umgibt als goldnes Band
Einen neuen Blütenstand.

Komm nun, feierliche Stunde,
Unbegreifliche Sekunde,
Wo der flüchtige Schein
Aufglänzt als das wahre Sein!
Mags nun welken, mags zerstieben, –
Ewig bleibt es eingeschrieben –
Zauberspruch –
In des Vaters Formenbuch.
Unscheinbar und ohne Namen
Tief im Dunkel träumt der Samen.

GOTTFRIED BENN

Nimm fort die Amarylle

Ich kann kein Blühen mehr sehn,
es ist so leicht und so gründlich
und dauert mindestens stündlich
als Traum und Auferstehn.

Nimm fort die Amarylle,
du siehst ja: gründlich: – sie setzt
ganz rot, ganz tief, ganz Fülle
ihr Eins und Allerletzt.

Was wäre noch Stunde dauernd
in meinem zerstörten Sinn,
es bricht sich alles schauernd
in Augenblicken hin.

RICARDA HUCH

Herbstzeitlose

Schon entflammt die blasse Herbstzeitlose;
Auf der Wiese jüngst im Abendscheine
Hört' ich ihr Geflüster und Gekose:
Sommer schwand, ich blühe noch alleine;
Kommt herbei, ihr letzten Schmetterlinge!
Trag ich auch ein bleiches Sterbekleid,
Flattert auch zum Grabe eure Schwinge:
Süß ist Liebe, die dem Tod geweiht.

GÜNTER EICH

Pfaffenhut

Oktober tötet.
Oh Blumenblut!
Den Waldsaum rötet
der Pfaffenhut.

Es reißen die Pfeile
des Sonnenlichts
Blume wie Stunden
ins blaue Nichts.

HIPS AND HAWS.

Der Mond, das Messer,
von Tränen geätzt,
am Stein der Leiden
zur Schärfe gewetzt,

so noch am Tage
zielt er auf mich.
Die wuchernde Schrift
der Ranken erblich.

Den flammenden Wunden
entfließt kein Blut.
Es glüht unterm Pfeile
der Pfaffenhut.

MANFRED HAUSMANN

Auf eine Blume, deren Namen ich nicht weiß

Zuerst im Ungewissen sah ich sie
des Wassers abgespiegelt, steigend und
vergehend mit dem Glanz. Das Ufer nämlich
hing über, und sie hing am äußersten.
So blühte mir ihr Bildnis aus der Tiefe
entgegen, eine dunkel träumende
und violette Nacht, darin Geschmeide
verschimmerte des hellsten Golds. Ich kniete
ins Gras mich hin und Fingerkraut und beugte
mich abwärts und erblickte nun sie selbst,
die Blume nun im kühlen Raum der Luft.

Drei Blätter waren's, flachgehöhlte Schalen,
nicht größer als des Daumennagels Rund,
sechs Wölkchen ferner, goldbestäubte, die,
gesellt zu zweien, über leichten Stielen
sich schwebend hielten. Violett und Gold,
ein feierlicher Klang! Und ich vermeinte,
dies sei die Schönheit, sei der Schönheit Krönung
und Adel, dieser namenlose Einklang
des Klaren, der sich selbst Genüge tat.

Noch dachte ich's und atmete, da sah ich,
daß sich ein anderes darunter regte.
Das Violett war nicht aus Eigenem
so träumerisch und nicht das Gold so schimmernd,
der zart gebrochene vielmehr des Lichts,
der Widerschein erwirkte es, da er,
vom Wasserspiegel in die Höhe wellend,
den dunkleren Bestand der Blütenschale
durchscheinend machte gleich dem Amethyst
und mit dem letzten Glimmen an das Gold
noch rührte, das bestäubt darüberhing.

Da ahnt ich das Geheimnis in der Welt.
Denn schön ist nur und tief, was einen Anhauch
durch sich hindurchläßt dieses fremden Leuchtens,
wie's aus den Wassern steigen, wie's hernieder
vom Sternenhimmel flimmern oder wie's
aus anderen Bereichen zu uns kommen,
aus Jenseitigem kommen mag. O schweig!

Zu allen Jahreszeiten

JOHANN WOLFGANG GOETHE

Mit einem gemalten Band

Kleine Blumen, kleine Blätter
Streuen mir mit leichter Hand
Gute junge Frühlingsgötter
Tändelnd auf ein luftig Band.

Zephyr, nimm's auf deine Flügel,
Schling's um meiner Liebsten Kleid!
Und so tritt sie vor den Spiegel
All in ihrer Munterkeit.

Sieht mit Rosen sich umgeben,
Selbst wie eine Rose jung:
Einen Blick, geliebtes Leben!
Und ich bin belohnt genung.

Fühle, was dies Herz empfindet,
Reiche frei mir deine Hand,
Und das Band, das uns verbindet,
Sei kein schwaches Rosenband!

GUSTAV FALKE

Der Frühlingsreiter

Um Mitternacht
bin ich jäh erwacht.
Hufschlag hallte, ein Horn erklang,
daß ich erschreckt ans Fenster sprang.
Der Mond schien hell,
und da kam es zur Stell:
ein Schatten voraus, dann ein milchweiß Roß,
darüber des Mondes Silber floß,
und ein Reiter ganz jung, einen blauen Kranz
im Gelock. Hell blitzte des Hornes Glanz
in der Faust, und er stieß in das Horn hinein,
als sollte und müßte geblasen sein.
O war das ein Klang
in dem Horngesang!
Eine süße Kraft, eine blühende Kraft,
eine zitternde, quellende Leidenschaft,
ein Herz und ein Jubel, ein seliger Schrei!
Ein Klingen, ein Leuchten – da war es vorbei.
Hatte mich ein Traum betört?
Nicht einer hatte den Reiter gehört,
sie lachten mich alle am Morgen aus:
Da kommt der Träumer, der Dichter heraus.
Aber mein Töchterchen kam mit Hurra:
Seht mal, die ersten Veilchen sind da!
Und ich glaube, auch Krokus und Narzissen
kommen schon. – Was wollt ich noch wissen?
Ich lächelte nur und sagte: Ja, ja,
ich weiß, die Veilchen sind wieder da.

JOHANN WOLFGANG GOETHE

Frühling übers Jahr

Das Beet schon lockert
Sich's in die Höh',
Da wanken Glöckchen
So weiß wie Schnee;
Safran entfaltet
Gewalt'ge Glut,
Smaragden keimt es
Und keimt wie Blut.
Primeln stolzieren
So naseweis,
Schalkhafte Veilchen
Versteckt mit Fleiß;
Was auch noch alles
Da regt und webt,
Genug, der Frühling
Er wirkt und lebt.

Doch was im Garten
Am reichsten blüht,
Das ist des Liebchens
Lieblich Gemüt.
Da glühen Blicke
Mir immerfort,
Erregend Liedchen,
Erheiternd Wort.
Ein immer offen,
Ein Blütenherz,

Im Ernste freundlich
Und rein im Scherz.
Wenn Ros' und Lilie
Der Sommer bringt,
Er doch vergebens
Mit Liebchen ringt.

HEINRICH HEINE

Leise zieht durch mein Gemüt
Liebliches Geläute.
Klinge, kleines Frühlingslied,
Kling hinaus ins Weite.

Kling hinaus, bis an das Haus,
Wo die Blumen sprießen,
Wenn du eine Rose schaust,
Sag, ich laß sie grüßen.

Es hat die warme Frühlingsnacht
Die Blumen hervorgetrieben,
Und nimmt mein Herz sich nicht in Acht,
So wird es sich wieder verlieben.

Doch welche von den Blumen alln
Wird mir das Herz umgarnen?
Es wollen die singenden Nachtigalln
Mich vor der Lilje warnen.

GOTTFRIED BENN

Letzter Frühling

Nimm die Forsythien tief in dich hinein
und wenn der Flieder kommt, vermisch auch
                        diesen
mit deinem Blut und Glück und Elendsein,
dem dunklen Grund, auf den du angewiesen.

Langsame Tage. Alles überwunden.
Und fragst du nicht, ob Ende, ob Beginn,
dann tragen dich vielleicht die Stunden
noch bis zum Juni mit den Rosen hin.

LUDWIG CHRISTOPH HEINRICH HÖLTY

Mailied

Der Anger steht so grün, so grün,
Die blauen Veilchenglocken blühn,
Und Schlüsselblumen drunter,
Der Wiesengrund
Ist schon so bunt,
Und färbt sich täglich bunter.

Drum komme, wem der Mai gefällt,
Und freue sich der schönen Welt,
Und Gottes Vatergüte,
Die diese Pracht
Hervorgebracht,
Den Baum und seine Blüte.

CLEMENS BRENTANO

Am Sophientag

Süßer Mai du Quell des Lebens
Bist so süßer Blumen voll
Liebe sucht auch nicht vergebens
Wem sie Kränze winden soll.

Süßer Mai, mit Blumenglocken
Läutest du das Fest mir ein
Ich bekränze ihre Locken,
Will ein frommer Gast auch sein.

Süßer Mai, zum Liebesmahle
Trägst du Blumenkelche ein
Blütensäulen stehn im Saale
Drüber wölbt sich Sonnenschein.

Süßer Mai, in deinen Kelchen
Küssen fromme Bienen sich
Aber unter allen welchen
Hast du eingefüllt für mich!

Süßer Mai! du bringest nieder
Blume, Blüte, Sonnenschein,
Daß ich wisse, wem die Lieder,
Wem das Herz, das Leben weihn.

KARL KROLOW

Cartesianischer Mai

Methodisches Frühjahr.

Cartesianischer Mai, sein
folgerichtiges Blühen.

Die farbige Botanik
entfaltet sich in
Bosketten.

Man sieht der Entstehung
bekannter Blumen zu.

Grüne Silben
kommen zu Wort.

Der unaufhaltsame Flieder
grüßt den gerechten Himmel.

Der Apostel Himmelschlüssel,
das Prophetlein Männertreue,
beide rieten mir zu flüchten
unters Dach der Sterbestunde,
noch bevor die Bocksbartsterne
in die Wiesen niederkämen.
Doch ich hoffte voller Gleichmut
auf die braunen Teufelsschirme,
auf die roten Klebe-Nelken
und den blauen Hosenknopf.
Alle hatten mir geholfen
oft durch arge Maizeit kommen
ohne Hirn- und Herz-Erweichung
und nie ganz und gar verrückt.
Doch da kam der Südwindregen,
spannte ab die Teufelsschirme,
leckte ab die Klebe-Nelken,
bleichte aus den Hosenknopf
und entmächtigte so tückisch
alle meine Notzeit-Helfer.
Hätt ich jetzt den Himmelschlüssel,
hätt ich jetzt die Männertreue!
O wie würde ich gehorchen
und mit beiden überwillig
in die Sterbestunde flüchten
weg aus dieser ganz verrückten
Maizeit voll Vergiß-Dein-Nicht.

MAX HERRMANN-NEISSE

Bei den Sommerbeeten

Als wir zu den bunten Beeten kamen,
duftete es heimatlich vertraut.
Allen Blumen gabst du zärtlich Namen
und mit ihnen blühtest du als Braut,
wieder allem Sommerglück versprochen,
das die Erde ewig jung bewahrt.
Stets aufs neue bist du aufgebrochen
hoffnungsvoll zu frischer Lebensfahrt.

Inniger die Farben sich vermählten,
blau und rosa lag der Kranz im Gras.
Malven ihre Märchen dir erzählten,
weil dein Lächeln ihr Vertraun besaß.
Nahmst mich mit in deine Feenreiche;
wo du warst, verschöne sich die Zier,
und die Wasserlilien im Teiche
schlugen ihre Augen auf zu dir.

Nie gelingt es mir, dich zu beschenken,
daß die Freude dich berauscht wie Wein:
mag ich noch so Schönes mir erdenken,
schließlich ist sein Wert vor dir zu klein,
denn du bist verwöhnt mit jedem Wunder
der Natur, als ihr geliebtes Kind,
dem die Menschenwerke Trug und Plunder
und bedauernswerter Aufwand sind.

Meiner Verse Glanz auch muß verblassen
vor der Beete bunterem Gedicht;
wirst mich nur aus Mitleid nicht verlassen.
Ärmlich steh' ich und beschämt im Licht,
das euch Blühende als seinesgleichen
in des Sommers großen Reigen bringt.
Aber meine Liebe wird nicht weichen,
die dir Hymnen auch im Schweigen singt.

PAUL CELAN

Blume

Der Stein.
Der Stein in der Luft, dem ich folgte.
Dein Aug, so blind wie der Stein.

Wir waren
Hände,
wir schöpften die Finsternis leer, wir fanden
das Wort, das den Sommer heraufkam:
Blume.

Blume – ein Blindenwort.
Dein Aug und mein Aug:
sie sorgen
für Wasser.

Wachstum.
Herzwand um Herzwand
blättert hinzu.

Ein Wort noch, wie dies, und die Hämmer
schwingen im Freien.

FRIEDRICH HEBBEL

Sommerbild

Ich sah des Sommers letzte Rose stehn,
　Sie war, als ob sie bluten könne, rot;
Da sprach ich schauernd im Vorübergehn:
　So weit im Leben, ist zu nah am Tod!

Es regte sich kein Hauch am heißen Tag,
　Nur leise strich ein weißer Schmetterling;
Doch, ob auch kaum die Luft sein Flügelschlag
　Bewegte, sie empfand es und verging.

ROSE AUSLÄNDER

Spätsommer

Die Farben der Anemonen
werden bleich

Mach dir nichts vor
es geht zu Ende

Unsichtbare Raubtiere
schleichen
um deine Lebenslust

Angst durchbohrt
deinen Sommertraum

Bald
blühen Eisblumen

Erfinde
ein Apfellied

DETLEV VON LILIENCRON

Herbst

Astern blühen schon im Garten,
Schwächer trifft der Sonnenpfeil.
Blumen, die den Tod erwarten
Durch des Frostes Henkerbeil.

Brauner dunkelt längst die Heide,
Blätter zittern durch die Luft.
Und es liegen Wald und Weide
Unbewegt im blauen Duft.

Pfirsich an der Gartenmauer,
Kranich auf der Winterflucht.
Herbstes Freuden, Herbstes Trauer,
Welke Rosen, reife Frucht.

SARAH KIRSCH

Sanfte Jagd

Die lebendigen glühenden Blumen
Taubenblaues Gefieder halshoher Astern
Seeigel-Dahlien gesträubt auf dem Grund
Versunkener Dörfer brennende Liebe
Bevor der Frost sie in einer Nacht
Schwärzt und die Hinrichtung vornimmt
Bringen das Herz unterm Wolfspelz zur Strecke.

INA SEIDEL

Herbstritornelle

Astern, ihr Sterne –
Noch immer ist Geburtstag, wenn ihr leuchtet –
Ich wußte nicht, daß Lachen sich verlerne.

Späte Gladiolen –
Die Mutter geht allein durch ihren Garten,
Die letzten Blumen für den Tisch zu holen.

Blutrote Rebe –
Die Bäume flammen golden auf zum Himmel.
Noch einmal lodert jedes Blatt: Ich lebe!

Novemberregen –
O, traurig Schlummerlied am Fenstersimse:
Wer müd ist, darf sein Herz zur Ruhe legen. –

Voll Chrysanthemen
Ist nun das Haus. Der tote Vater wird sie
Am andern Tage in sein Grab mitnehmen.

Und Efeu bitter
Grünt durch den Winter, wenn die Blumen starben,
Und rankt ergeben um das schwarze Gitter.

EDUARD MÖRIKE

Auf eine Christblume

I

Tochter des Walds, du Lilienverwandte,
So lang von mir gesuchte, unbekannte,
Im fremden Kirchhof, öd und winterlich,
Zum erstenmal, o schöne, find ich dich!

Von welcher Hand gepflegt du hier erblühtest,
Ich weiß es nicht, noch wessen Grab du hütest;
Ist es ein Jüngling, so geschah ihm Heil,
Ist's eine Jungfrau, lieblich fiel ihr Teil.

Im nächtgen Hain, von Schneelicht überbreitet,
Wo fromm das Reh an dir vorüberweidet,
Bei der Kapelle, am kristallnen Teich,
Dort sucht ich deiner Heimat Zauberreich.

Schön bist du, Kind des Mondes, nicht der Sonne;
Dir wäre tödlich andrer Blumen Wonne,
Dich nährt, den keuschen Leib voll Reif und Duft,
Himmlischer Kälte balsamsüße Luft.

In deines Busens goldner Fülle gründet
Ein Wohlgeruch, der sich nur kaum verkündet;
So duftete, berührt von Engelshand,
Der benedeiten Mutter Brautgewand.

Dich würden, mahnend an das heilge Leiden,
Fünf Purpurtropfen schön und einzig kleiden:
Doch kindlich zierst du, um die Weihnachtszeit,
Lichtgrün mit einem Hauch dein weißes Kleid.

Der Elfe, der in mitternächtger Stunde
Zum Tanze geht im lichterhellen Grunde,
Vor deiner mystischen Glorie steht er scheu
Neugierig still von fern und huscht vorbei.

II

Im Winterboden schläft, ein Blumenkeim,
Der Schmetterling, der einst um Busch und Hügel
In Frühlingsnächten wiegt den samtnen Flügel;
Nie soll er kosten deinen Honigseim.

Wer aber weiß, ob nicht sein zarter Geist,
Wenn jede Zier des Sommers hingesunken,
Dereinst, von deinem leisen Dufte trunken,
Mir unsichtbar, dich Blühende umkreist?

URSULA JASPERSEN

Eisblumen

Tod behaucht die Fensterscheiben.
Unter seinem Atem treiben
Pflanzen, gläserne, empor.
Und sie wuchern tausendblattig:
Blutkraut, Frauenhaar und Lattich,
Farne, wie du sie zuvor
Nie gesehn, es sei im Traume,
Wunderlaub an wildem Baume,
Zarter Fliederblüten Flor.

ADELBERT VON CHAMISSO

Märzveilchen

Der Himmel wölbt sich rein und blau;
Der Reif stellt Blumen aus zur Schau.

Am Fenster prangt ein flimmernder Flor,
Ein Jüngling steht ihn betrachtend davor.

Und hinter den Blumen blühet noch gar
Ein blaues, ein lächelndes Augenpaar.

Märzveilchen, wie jener noch keine gesehn!
Der Reif wird angehaucht zergehn.

Eisblumen fangen zu schmelzen an –
Und Gott sei gnädig dem jungen Mann!

Winterlied

Geduld, du kleine Knospe
Im lieben stillen Wald,
Es ist noch viel zu frostig,
Es ist noch viel zu bald.

Noch geh ich dich vorüber,
Doch merk ich mir den Platz,
Und kommt heran der Frühling,
So hol ich dich, mein Schatz.

GUSTAV FALKE

Begegnung

Ich ging im Feld. Die Drossel schlug.
Ein lindes weiches Wehen trug
von einem wilden Apfelbaum
ein Blütenblatt, einen Frühlingsflaum.
Da kam aus Osten, hügelab,
trug keinen Hut und keinen Stab
und führte keinen Ranzen mit,
der Tag im leichten Wanderschritt.

Auf seine helle Stirne fiel
ein frei Gelock, des Windes Spiel.
Kein Kleid umgab der Glieder Pracht,
nackt schritt er, wie ihn Gott erdacht.
Nur eine Sonnenblume hielt
er in der Linken. Hochgestielt
der goldne Sternkelch scheitelnah
ihm schwankend über die Schulter sah.

So ging er strahlend gradeaus,
und über ihm zog mit Gebraus
ein Schwarm von weißen Schwänen mit.
Er wuchs, wie er das Feld durchschritt,
und stand zuletzt am Horizont,
ein Riese, flammend übersonnt.
Um ihn, wie lichte Wölkchen sahn
die Vögel aus, Schwan neben Schwan.
Und aus dem weißen Glitzermeer
grüßte die gelbe Blume her.

HEINRICH HEINE

Am leuchtenden Sommermorgen
Geh ich im Garten herum.
Es flüstern und sprechen die Blumen,
Ich aber, ich wandle stumm.

Es flüstern und sprechen die Blumen,
Und schaun mitleidig mich an:
Sei unserer Schwester nicht böse,
Du trauriger, blasser Mann!

DAGMAR NICK

Mittag

Der Sommer steht still.
Im Libellenflügel des Mittags
spiegelt sich Pan.
Lautlos entblättert der Mohn.
Mit türkisenen Augen
blinzeln die sanften Lazerten
in die zitternde Perlmutterluft.
Der Sommer steht über den Rosen.
Bald kommen die Schnitter.

ROSE AUSLÄNDER

Sonett in Moll

Im Abendwinde schaukeln Blumenschwärme,
nicht ahnend, daß die Sterbestunde naht,
geküßt von Sternenkühle, Erdenwärme
und allem Sanften, das der Sommer hat.

Wie glücklich sind die Glocken auf den Stengeln,
von Tod gestreift und dennoch: selig sehn
sie in das Leben, das sie nicht bemängeln,
an dessen Sinn sie duftend mitgeschehn.

So sei das Dasein aller schönen Wesen,
so sei ihr Sterben: ein Sich-sachte-Lösen
von den Berührungen der Nebenwelt.

Der Abendwind singt, der so süß gewesen
im Leben und im Tod und kühlt des Bösen
gefurchte Stirne, ehe sie verfällt.

JOSEF WEINHEBER

Im Grase

Glocken und Zyanen,
Thymian und Mohn.
Ach, ein fernes Ahnen
hat das Herz davon.

Und im sanften Nachen
trägt es so dahin.
Zwischen Traum und Wachen
frag ich, wo ich bin.

Seh die Schiffe ziehen,
fühl den Wellenschlag,
weiße Wolken fliehen
durch den späten Tag –

Glocken und Zyanen,
Mohn und Thymian.
Himmlisch wehn die Fahnen
über grünem Plan:

Löwenzahn und Raden,
Klee und Rosmarin.
Lenk es, Gott, in Gnaden
nach der Heimat hin.

Das ist deine Stille.
Ja, ich hör dich schon.
Salbei und Kamille,
Thymian und Mohn,

und schon halb im Schlafen
– Mohn und Thymian –
landet sacht im Hafen
nun der Nachen an.

AUGUST HEINRICH HOFFMANN
VON FALLERSLEBEN

Nachtviole

So auch mußt du mir gefallen
Ohne lichten Farbenschein!
Bist die schönste doch von allen,
Bleibst mein Liebchen doch allein!

Und ich knie, es dir zu sagen,
Abends nieder in den Sand;
Und mir wird auf tausend Fragen
Eine Antwort nur bekannt.

Was als Farb und Licht mich freute,
sang ich laut durch Wald und Luft;
Was ich sang, ertönt noch heute,
Zaubrisch lehrt es mich dein Duft.

HEINRICH HEINE

Was treibt dich umher, in der Frühlingsnacht?
Du hast die Blumen toll gemacht,
Die Veilchen, sie sind erschrocken!
Die Rosen, sie sind vor Scham so rot,
Die Liljen, sie sind so blaß wie der Tod,
Sie klagen und zagen und stocken!

O, lieber Mond, welch frommes Geschlecht
Sind doch die Blumen! Sie haben Recht,
Ich habe Schlimmes verbrochen!
Doch konnt ich wissen, daß sie gelauscht,
Als ich, von glühender Liebe berauscht,
Mit den Sternen droben gesprochen?

THEODOR STORM

Abends

Warum duften die Levkojen soviel schöner bei der
Nacht?
Warum brennen deine Lippen soviel röter bei der Nacht?
Warum ist in meinem Herzen so die Sehnsucht
auferwacht,
Diese brennend roten Lippen dir zu küssen bei der
Nacht?

HERMANN CLAUDIUS

Der Rosenbusch

Es haben meine wilden Rosen
– erschauernd vor dem Hauch der Nacht –
die windeleichten, lichten, losen
Blüten behutsam zugemacht.

Doch sind sie so voll Licht gesogen,
daß es wie Schleier sie umweht
und daß die Nacht in scheuem Bogen
am Rosenbusch vorübergeht.

CLEMENS BRENTANO

Guten Abend, gute Nacht,
Von Sternen bedacht,
Vom Mond angelacht,
Von Engeln bewacht,
Von Blumen umbaut,
Von Rosen beschaut,
Von Lilien betaut,
Den Veilchen vertraut;
Schlupf unter die Deck,
Dich reck und dich streck,

Schlaf fromm und schlaf still,
Wenns Herrgottchen will,
Früh Morgen ohn Sorgen
Das Schwälbchen dich weck!

ACHIM VON ARNIM

Blumen

Nieder zieht der Abendwind,
Wiegt in Schlaf manch schönes Kind,
Löscht die Lichter,
Doch es weckt der Vollmondglanz
Blumen zu dem Abendtanz,
Himmlische Gesichter.

Blumen springen aus dem Bett,
Waschen sich im Tau so nett
Und sich schmücken;
Manches krause weiche Blatt
Sich erst neu entfaltet hat
Ahnendem Entzücken.

Jede sich im Bach besieht,
Nun sie hin zum Tanze zieht,
Ob sie glänze.
Und das Bächlein wird so glatt,
Jeder zugemurmelt hat:
»Amor bringt dir Kränze.«

Alle Blumen schwesterlich
Grüßen, küssen, herzen sich
Hier im Kreise.
Jede wartet auf den Gott,
Der so oft nur leichten Spott
Gibt nach seiner Weise.

Nachtigall ist auch bestellt,
Sich im Laub verstecket hält,
Spielt zum Tanze;
Und ein jedes Gartenbeet,
Schon voll schöner Tänzer steht,
In dem Vollmondglanze.

Doch die Frauen sehen kalt
Auf die Herren jung und alt,
Und sich brüsten;
Denn ein Gott, der gilt viel mehr,
Als der Nachbarn Lustverkehr,
Die zum Tanz sich rüsten.

Nachtviole bleibt zu Haus,
Wagt sich nicht zum Tanz hinaus,
Steht vergessen;
Doch ihr Duft die Luft durchzieht,
Und der Feuerwurm erglüht,
Fliegt ihr zu vermessen.

Amor ist der Feuerwurm,
Und sein Licht, das löscht kein Sturm,
Machts nur heller;
Und er leuchtet Liebchen vor,
Führt sie selbst zum Tanz vors Tor,
Und der Tanz rauscht schneller.

Eintracht schien im bunten Saal,
Zwietracht kommt zu aller Qual,
Mit den beiden;
Weil der Gott von Lust und Leid
Einer zuflog, sucht der Neid
Sie mit List zu scheiden.

Gänseblümchen weiß nur nicht,
Wie sie zornge Blicke richt',
Ist verlegen;
Stetes Lachen läßt nicht gut,
Gar zu traurig sie nun tut,
Muß sich viel bewegen.

Ob wir schon viel klüger sind,
Als dies liebe weiße Kind,
Ruft *Peone,*
Kommt es uns doch nimmer ein,
Amor könne unser sein
Auf dem Götterthrone.

Doch wir bleiben hier allein,
Weil wir ganz geruchlos rein
Keinen locken;
So die *Lilien* seufzen still,
Weil sie niemand nehmen will,
Trotz der großen Glocken.

Tulpe hängt den Kopf sogleich,
Wie ein Vöglein hängt am Zweig,
Zu *Narzissen*;
Hat den Kelch ihm zugewandt
Spricht von Ehre und von Stand,
Und von dem Gewissen.

Rose lockt mit hellem Strahl
Nachtgevögel ohne Zahl,
In dem Zorne;
Jedem ihre Dornen reicht,
Daß er an dem Gott hinstreicht,
Und ihn blutig sporne.

Rittersporn und Eisenhut
Wählet sie im wilden Mut,
Zu dem Fechten;
Und das Tausendgüldenkraut
Bietet sie zur Werbung laut,
Als ein Lohn den Knechten.

Gleich der hohen dunklen Stadt,
Die sich rings gelagert hat
An dem Garten,
War hier Stille nur zum Schein,
Neid schlägt Licht zu seiner Pein,
Schlägt in Klingen Scharten.

Doch des Gottes leicht Geschoß
Jagt zurück den wilden Troß,
Ohne Schaden:
»Stören lasse ich mich nicht,
Gönne jeder ihren Wicht,
Bin ein Gott der Gnaden.«

Nachtviole hebt das Haupt,
Amors Feuer sanft bestaubt
Ihre Wangen:
»Jeder regt der Gott die Brust,
Gönnt dies Heute meiner Lust,
Laßt mich einmal prangen.

Morgen ist ein andrer Tag,
Wo er andre lieben mag
Nach Gefallen;
Zeigt nur, daß ihr würdig seid
Dieser Liebe, die sich weiht
In der *Einen* allen.«

Frau Peone klüglich denk
An das goldene Geschenk,
Heb den Schleier,
Sieh die Flamme an dem Platz,
Der jetzt trägt den reichen Schatz,
Heb ihn auf den Freier;

Rose, sieh des Sternes Schein,
Er will ein Komet nun sein,
Er will schießen,
Spann die weichen Blätter aus,
Fällt der Stern dir nicht ins Haus,
Fällt er dir zu Füßen.

Und ihr Lilien, seht herab,
Steht er nicht auf einem Grab,
Seht die Flammen,
Sieh ihn, der mit Irrlichtschein
Sinkt in deinen Kelch hinein,
Nacht bringt euch zusammen.

FERDINAND FREILIGRATH

Der Blumen Rache

Auf des Lagers weichem Kissen
Ruht die Jungfrau, schlafbefangen,
Tiefgesenkt die braune Wimper,
Purpur auf den heißen Wangen.

Schimmernd auf dem Binsenstuhle
Steht der Kelch, der reichgeschmückte,
Und im Kelche prangen Blumen,
Duftge, bunte, frischgepflückte.

Brütend hat sich dumpfe Schwüle
Durch das Kämmerlein ergossen,
Denn der Sommer scheucht die Kühle,
Und die Fenster sind verschlossen.

Stille rings und tiefes Schweigen!
Plötzlich, horch! ein leises Flüstern!
In den Blumen, in den Zweigen
Lispelt es und rauscht es lüstern.

Aus den Blütenkelchen schweben
Geistergleiche Duftgebilde;
Ihre Kleider zarte Nebel,
Kronen tragen sie und Schilde.

Aus dem Purpurschoß der Rose
Hebt sich eine schlanke Frau;
Ihre Locken flattern lose,
Perlen blitzen drin, wie Tau.

Aus dem Helm des Eisenhutes
Mit dem dunkelgrünen Laube
Tritt ein Ritter kecken Mutes:
Schwert erglänzt und Pickelhaube.

Auf der Haube nickt die Feder
Von dem silbergrauen Reiher.
Aus der Lilie schwankt ein Mädchen;
Dünn, wie Spinnweb, ist ihr Schleier.

Aus dem Kelch des Türkenbundes
Kommt ein Neger stolz gezogen;
Licht auf seinem grünen Turban
Glüht des Halbmonds goldner Bogen.

Prangend aus der Kaiserkrone
Schreitet kühn ein Szepterträger;
Aus der blauen Iris folgen
Schwertbewaffnet seine Jäger.

Aus den Blättern der Narzisse
Schwebt ein Knab mit düstern Blicken,
Tritt ans Bett, um heiße Küsse
Auf des Mädchens Mund zu drücken.

Doch ums Lager drehn und schwingen
Sich die andern wild im Kreise;
Drehn und schwingen sich, und singen
Der Entschlafnen diese Weise:

»Mädchen, Mädchen! von der Erde
Hast du grausam uns gerissen,
Daß wir in der bunten Scherbe
Schmachten, welken, sterben müssen!

O, wie ruhten wir so selig
An der Erde Mutterbrüsten,
Wo, durch grüne Wipfel brechend,
Sonnenstrahlen heiß uns küßten;

Wo uns Lenzeslüfte kühlten,
Unsre schwanken Stengel beugend,
Wo wir nachts als Elfen spielten,
Unserm Blätterhaus entsteigend.

Hell umfloß uns Tau und Regen;
Jetzt umfließt uns trübe Lache;
Wir verblühn, doch eh wir sterben,
Mädchen! trifft dich unsre Rache!«

Der Gesang verstummt; sie neigen
Sich zu der Entschlafnen nieder.
Mit dem alten dumpfen Schweigen
Kehrt das leise Flüstern wieder.

Welch ein Rauschen, welch ein Raunen;
Wie des Mädchens Wangen glühen!
Wie die Geister es anhauchen!
Wie die Düfte wallend ziehen!

Da begrüßt der Sonne Funkeln
Das Gemach; die Schemen weichen.
Auf des Lagers Kissen schlummert
Kalt die lieblichste der Leichen.

Eine welke Blume selber,
Noch die Wange sanft gerötet,
Ruht sie bei den welken Schwestern –
Blumenduft hat sie getötet!

Im Garten

JOSEPH VON EICHENDORFF

Der alte Garten

Kaiserkron und Päonien rot,
Die müssen verzaubert sein,
Denn Vater und Mutter sind lange tot,
Was blühn sie hier so allein?

Der Springbrunnen plaudert noch immerfort
Von der alten schönen Zeit,
Eine Frau sitzt eingeschlafen dort,
Ihre Locken bedecken ihr Kleid.

Sie hat eine Laute in der Hand,
Als ob sie im Schlafe spricht,
Mir ist, als hätt ich sie sonst gekannt –
Still, geh vorbei und weck sie nicht!

Und wenn es dunkelt das Tal entlang,
Streift sie die Saiten sacht,
Da gibt's einen wunderbaren Klang
Durch den Garten die ganze Nacht.

HEINRICH HEINE

Auf Flügeln des Gesanges,
Herzliebchen, trag ich dich fort,
Fort nach den Fluren des Ganges,
Dort weiß ich den schönsten Ort.

Dort liegt ein rotblühender Garten
Im stillen Mondenschein;
Die Lotosblumen erwarten
Ihr trautes Schwesterlein.

Die Veilchen kichern und kosen,
Und schaun nach den Sternen empor;
Heimlich erzählen die Rosen
Sich duftende Märchen ins Ohr.

Es hüpfen herbei und lauschen
Die frommen, klugen Gazelln;
Und in der Ferne rauschen
Des heiligen Stromes Welln.

Dort wollen wir niedersinken
Unter dem Palmenbaum,
Und Liebe und Ruhe trinken,
Und träumen seligen Traum.

JOSEF WEINHEBER

Bauerngarten

In meinem Bauerngarten
da stehn viel schöne Blum.
Stiefmütterchen, die zarten,
Narziß und Lilium.

Und schlanke Pappelrosen
am Rand von Kraut und Kohl,
Goldlack und Skabiosen
und Nelken und Viol.

Und zwischen Bohnenhecken
und Dill- und Bertramkraut
hab ich mir ein paar Stecken
Tomaten angebaut.

Und reichlich Georginen,
sieh an, sie kommen grad!
Und vor und hinter ihnen
Kohlrabi und Salat.

Ein Schmeckerchen Kamille,
ein Rüchlein Rosmarin,
Und daß es heil und stille,
die Minze zwischendrin.

Das gibt ein Blühn und Schwellen
wohl hinterm knappen Zaun;
mit Liebe zu bestellen,
mit Freuden anzuschaun.

Kommst du die Straß vorüber,
schau auch und freue dich!
Du hast die Blumen lieber
und Erbs und Gurken ich.

EMIL ALFRED HERRMANN

Das bunte Beet

Blumen viel und mancherlei
bringt uns jeden Jahrs der Mai.
Aber nirgends blühn sie so froh und bunt
wie die Tulpen im Garten der Frau Gund.

Alle Leute, die die Straße gehn –
vor dem Tulpenbeet bleiben sie stehn.
Und die Kinder stellen sich auf die Zeh'n,
wollen auch mit zaunüber sehn.

Die weißen, die gelben, die roten im Rund –
ei schaut: ist das eine Pracht!
Und drüber im Fenster sitzt die Frau Gund –
hat's gut gemacht, freut sich und lacht

JOHANN WOLFGANG GOETHE

Ranunkeln

Keine lockt mich, Ranunkeln, von euch, und keine
begehr ich;
Aber im Beete vermischt sieht euch das Auge mit Lust.

AUGUST HEINRICH HOFFMANN
VON FALLERSLEBEN

Von meinem Blümchen

Ward ein Blümchen mir geschenket,
Hab's gepflanzt und hab's getränket,
Vögel kommt und gebet acht!
Gelt, ich hab es recht gemacht.

Sonne, laß mein Blümchen sprießen,
Wolke, komm, es zu begießen!
Richt empor dein Angesicht,
Liebes Blümchen, fürcht' dich nicht.

Und ich kann es kaum erwarten,
Täglich geh ich in den Garten,
Täglich frag ich: Blümchen, sprich,
Blümchen, bist du bös auf mich?

Sonne ließ mein Blümchen sprießen,
Wolke kam, es zu begießen;
Jedes hat sich brav gemüht,
Und mein liebes Blümchen blüht.

Wie's vor lauter Freude weinet,
Freut sich, daß die Sonne scheinet!
Schmetterlinge, fliegt herbei,
Sagt ihm doch, wie schön es sei!

JOHANN WILHELM LUDWIG GLEIM

An der Doris Blumenbeet

Ihr schönsten Kinder der Natur,
Geliebte Blümchen dieser Flur,
Ich lob euch, daß ihr frischer blüht,
Wenn Doris euch begießt und sieht.

Und daß ihr euch nicht zornig schließt,
Wenn sie euch sieht, und nicht begießt,
Und daß ihr williger verderbt,
Wenn ihr in ihren Händen sterbt.

WILHELM BUSCH

Am Vorabend von Rosens Geburtstag

Lauschend am Fenster sitzt der Poet. –
Draußen die Blumen und Pflänzchen
Halten ihr Abendkränzchen
Auf dem Gartenbeet.

Der Mond in Silberlivree,
Leise geschäftig,
Kredenzt den Tau, den Blütentee,
Anregend und kräftig.

Und von Kelch zu Kelche
Geht ein Geflüster:
Also morgen ist er!

FRAU EHRENPREIS (*Veronika*).
　　Ja, morgen feiert sie
　　Ihren werten Entsprießungstag –
TAUBNESSEL (*mit dem Hörrohr*).
　　Hä, was? Hä, welche?
FRAU EHRENPREIS (*lauter*).
　　– – Drüben im Garten die schöne Frau
　　Rose – –
TAUBNESSEL.
　　Ah! mit den zwei Knospen die!
FRAU EHRENPREIS.
　　– – die tadel- und dornenlose – –
DISTEL (*für sich*).
　　Wer's glauben mag!
FRAU EHRENPREIS.
　　– Von Duft und Glanz umwoben.

DISTEL. Man weiß, man weiß!
　　　　Die gute Frau Ehrenpreis
　　　　Muß immer loben.
　　　　Und doch hat unser Röschen, das feine,
　　　　Allerlei kleine
　　　　Grillen und Räupchen
　　　　Unter dem zierlichen Häubchen.

GÄNSEBLÜMCHEN.
　　　　Oh, wie reizend!

DISTEL. Bald steht sie da so mildiglich
　　　　Und senkt die Blätter,
　　　　Bald rüttelt, schüttelt und spreizt sie sich,
　　　　Je nach dem Wetter.

GÄNSEBLÜMCHEN.
　　　　Oh, wie reizend!

KLATSCHROSE.
　　　　Ja, reizend, das wollt ich meinen!
　　　　Drum sieht man auch häufig den Löwenzahn,
　　　　Den Rittersporn und den Baldrian
　　　　Dort wachsen und erscheinen.

GÄNSEBLÜMCHEN.
　　　　Oh, wie reizend!

KLATSCHROSE.
　　　　Ja, reizend, ganz recht!
　　　　Und dann dieser Musenknecht,
　　　　Dieser Dichter –

DISTEL. Der Versetrichter –

KLATSCHROSE.
　　　　– mit den langen Locken –

DISTEL. – mit dem Loch im Socken.

GÄNSEBLÜMCHEN.
　　　　Oh, wie reizend!

172

LILY.

KLATSCHROSE.

>Alltäglich kläglich mit Gefühl
>In ihrer Nähe
>Entlockt er seinem Saitenspiel
>Lieblich Getön
>Und singt so schön –

DISTEL. – wie 'ne Mantelkrähe.

KLATSCHROSE.

>Zum Beispiel, noch gestern – –

LILIE (*sanft*).

>Geliebte Schwestern! –

FRAU EHRENPREIS.

>Ihr Muster der Milde!
>Ihr Tugendgebilde!

LILIE. Wen sollte der festliche Tag nicht rühren!

>Ich denke doch – –

LEVKOJE, TULPE, PÄONIE, FLOX USW.

>Ja, ja, wir alle gratulieren!!

FRAU EHRENPREIS.

>Ein Schöngeist blüht in unsrer Mitte,
>Ein hochgeschickter –
>Fräulein Federnelke –

FEDERNELKE.

>Oh, bitte!

DISTEL (*für sich*).

>Blaustrumpf, verrückter!

FRAU EHRENPREIS.

>– – Federnelke, die wundersame,
>So lautet ihr holder botanischer Name.
>Vielleicht läßt sie sich freundlich erweichen
>Und schreibt und dichtet ein Billett,
>Duftend, geistvoll und nett.
>Das möge dann die dienende Biene,

Unsere süße, geflügelte Schleckerkathrine,
Hinschwebend im frühesten Morgenwind,
Dem hohen Geburtstagskind
Ehrfurchtsvoll sumsend überreichen.

GÄNSEBLÜMCHEN.

Oh, wie reizend!

FEDERNELKE (*schreibt und liest*).

»Veredelte Rose und Nachbarin!
Nehmet dies Brieflein gnädig hin,
Sintemalen dasselbe geschrieben
Von allerlei Pflanzen, welche Euch lieben.
Verleihe der Himmel Euer Gnaden
Beständig ein sanftes Sonnenlicht
Und frischen Tau und meinetwegen
Auch hie und da ein wenig Regen,
Nur Sturmwind nicht,
Denn dieser tut der Schönheit schaden.
Ergebenst mit Herz und Honigmund
Das Blumenkränzchen: Tugendbund.«

GÄNSEBLÜMCHEN.

Oh, wie reizend!

FEDERNELKE.

Ich denke, es macht sich so!

ALLE.   Bravo bravissimo!

MOND.   Noch 'n Täßchen Tee gefällig?

LEVKOJE.   Ich trank schon drei.

FLOX.   Ich fünf.

TULPE.   Ich acht.

PÄONIE.   Mein Mieder kracht!

ALLE.   Gute Nacht, gute Nacht!

(*Die Blumen nicken. Der Mond geht unter. Der Poet,
nachdem er noch einen Blick in die Nacht hinausgebohrt,
schließt leise das Fenster.*)

176

EUGEN ROTH

Der Garten

Der hingewelkte Garten
Ist nicht mehr grün, ist nicht mehr rot.
Was kann ihn noch erwarten?
Des Herbstes Rauch, des Winters Tod.

Vom prangend üppigen Laster
Der Blumen-Eitelkeit allein
Blieb noch die dürftige Aster:
Die wird sein letztes Lächeln sein.

Vom guten Werke zeuget
Der pralle Kürbis auf dem Mist.
Der Garten Gott sich beuget
Und stirbt als wie ein guter Christ.

STEFAN GEORGE

Komm in den totgesagten park und schau:
Der schimmer ferner lächelnder gestade ·
Der reinen wolken unverhofftes blau
Erhellt die weiher und die bunten pfade.

Dort nimm das tiefe gelb · das weiche grau
Von birken und von buchs · der wind ist lau ·
Die späten rosen welkten noch nicht ganz ·
Erlese küsse sie und flicht den kranz ·

Vergiss auch diese lezten astern nicht ·
Den purpur um die ranken wilder reben
Und auch was übrig blieb von grünem leben
Verwinde leicht im herbstlichen gesicht.

Mein garten bedarf nicht luft und nicht wärme ·
Der garten den ich mir selber erbaut
Und seiner vögel leblose schwärme
Haben noch nie einen frühling geschaut.

Von kohle die stämme · von kohle die äste
Und düstere felder am düsteren rain ·
Der früchte nimmer gebrochene läste
Glänzen wie lava im pinien-hain.

Ein grauer schein aus verborgener höhle
Verrät nicht wann morgen wann abend naht
Und staubige dünste der mandel-öle
Schweben auf beeten und anger und saat.

Wie zeug ich dich aber im heiligtume
– So fragt ich wenn ich es sinnend durchmass
In kühnen gespinsten der sorge vergass –
Dunkle grosse schwarze blume?

GEORG BRITTING

Blumen

Wiesensalbei,
Milchstern und die Akelei
Kommen schon im Mai.
Frauenschuh und Täschelkraut,
Katzenpfötchen, Jägerbraut
Und der Türkenbund
Brechen nicht viel später
Aus dem schwarzen Grund.

Ob sie in den Gärten stehn,
Ob an Ackerrändern,
Gerne lassen sie sich sehn,
Lassen sie vom Winde drehn
Ihre Blütenräder
Und die Prunkgewänder wehn.

Sind sie auch bald abgetan –
Einmal war es hold!
Einmal blitzten sie wie Gold,
Weiß als wie der Schwan,

Röter als wie Mädchenblut,
Einmal standen sie in Glut,
Spürten sie, wie da sein tut,
Hatten einen hohen Mut,
Zeigten Blütenrad und Stern
Ihm, der allen Sternen gut,
Selber zwischen Sternen ruht,
Oben, ihrem Herrn.

Schlüsselblumenland

Ach, die Wiesen! Seht die Wiesen!
Seht, die Wiesen werden wieder grün
Und die gelben Schlüsselblumen blühn!

Der Teich glänzt schwarz und unbewegt und klar.
Die Weide steht im Flatterhaar.
Am Himmel segelt, selig leise,
Schnelle Reise,
Eine weiße Wolkenschar.

Zwischen Knospen, in den Zweigen
Des Holunders singt die Meise.
Wandelnd auf den feuchten Steigen
Junge Männer, mit dem Hute in der Hand,
Und durch Mädchenzöpfe flicht sich manch ein rot
                                    und blaues Band.

Wolken gehen, und die Mädchenkleider wehen
Schattenwerfend übers Schlüsselblumenland.

RUDOLF HAGELSTANGE

Auf der Wiese

Auf der Wiese vor dem Haus
winkt ein bunter Augenschmaus:
Hahnenfuß und Männertreu,
Arnika und Akelei,
alle stehen sie inmitten
ungezählter Margueriten.
Güldenkraut und Rittersporn
drängen eifrig sich nach vorn.

Auf der Wiese vor dem Plan
steht der gelbe Löwenzahn.
Alle sind ihm wohlgeneigt,
weil er sich bescheiden zeigt.
Doch der Tochter Pusteblume
sagt man nichts zu ihrem Ruhme.
Nur der blaue Himmel sieht,
wie sie schon die Erde flieht.

Auf der Wiese vor dem Haus
steht sie still und träumt sich aus.
Ach, was ist der Wiesenschaum
ungeschlacht vor diesem Traum!
Licht und selig wie die Engel
trägt sie auf dem schwanken Stengel
wiegend, weich und wunderlich
eine ganze Welt für sich.

Schaum und Flaum und kaum ein Traum,
blüht der weiße Wattebaum.
Was, vor diesem Äther-All,
wiegt der dunklen Erde Ball!
Wo ist außen, wo ist innen,
sich hinein-, heraus zu spinnen?
Keine Blume so wie diese
von den Blumen auf der Wiese.

Auf der Wiese vor dem Haus
gehn die Kinder ein und aus,
treibt der Wind sein loses Spiel.
Nur ein Hauch, – es braucht nicht viel,
nur ein Hauch von einem Kinde,
nur ein lindes Wehn der Winde,
und des Wunderweltalls Flaum
weht davon wie Kindertraum.

LUDWIG UHLAND

Die Blumenwelt

Wie liegt die Blumenwiese hier
In tausend Farben unter mir!
Mich dünkt der Blumen bunter Schein
Ein zartes Bild der Welt zu sein.

Wie hier das Feld in hoher Pracht
Von Nelken, Tulpen, Rosen lacht!
Sie halten wohl ein Festgelag,
Vielleicht des Röschens Hochzeittag.

Hier blickt aus ernstem Blätterflor
Des Veilchens dunkles Auge vor.
Dort blühn Vergißmeinnicht und sehn
Ihr Bild im Wellendrange gehn.

Dort seh ich Trauerweiden stehn
Und bleiche Silberrosen wehn.
Was schauen sie so bleich hinab?
Sie schauen auf ein stilles Grab.

HILDE DOMIN

Sämann

Der große Sämann,
ungerufen,
blies einen Atem von Blumensamen über mich hin
und streute eine Saat
von Kornblumen und rotem Mohn
in meine Weizenfelder.

Das leuchtende Unkraut,
mächtiger Sämann,
wie trenn ich es je
von den Ähren,
ohne die Felder
zu roden?

MARTIN RASCHKE

Fabel vom Unkraut

Hirtentäschel sprach zur Melde:
»Warum haben wir kein Beet?
Selbst aus seinem größten Felde
mürrisch uns der Bauer jät.

Raps und Leinen sind von allen
wohlgelitten und gehegt,
plumpe Rüben auch gefallen,
und die Erbse wird gepflegt.

Sind wir denn von mindrer Güte
als des Krautes blauer Kopf?
Zierten wir nicht manche Hüte,
flochten Kränze manchem Schopf?«

Und die Nessel und die Möhre
mischten ihre Stimmen ein,
auch des Schachtelhalmes Föhre
wollte nicht verachtet sein.

GARLAND OF WILD ROSES.

Schickten drum zu jenem Gotte,
der sie spielend einst gebar.
»Löse uns von diesem Spotte!«
rief der Blumen Klägerschar.

Winde schwenkte weiße Glocken,
Distel ihren Dornenhut,
um den Gott zu sich zu locken,
werbend um sein Gnadengut.

»Ach, wenn nicht die Kinder wären
und die Bienen nimmersatt«,
schrien sie unter Honigzähren,
»längst wärn wir des Blühens satt.«

Beugte sich der Gott zu jeder,
hob sie vor sein Angesicht,
pries der Nelke rote Feder
und des Senfkrauts gelbes Licht.

»Blüht ihr nicht vor meinem Auge?«
mahnte mild, der sie gemacht.
»Fragt ich, ob der Mensch mir tauge,
reuten müßt ich Tag und Nacht.«

Blumen am Grab

FRIEDRICH HEBBEL

Der Tod

Die Glocken hast du noch gepflückt,
  Die uns den Lenz verkünden,
Doch nicht, vom schweren Schnee gedrückt,
  In Farben sich entzünden.

Auch hast du dir zum Sonntagsstrauß
  Die Veilchen noch gewunden
Und ihren Duft im Gotteshaus
  So süß, wie nie, gefunden.

Ein frischer Maienblumenkranz
  War dir ins Haar geflochten,
Als dir in deinem letzten Tanz
  Die zarten Schläfe pochten.

Die Rosen treffen dich schon bleich
  Im Kreise deiner Schwestern:
Der weißen bist du heute gleich,
  Der roten glichst du gestern.

BLUE BELL.

Doch kommen sie zur rechten Frist,
  Um deinen Sarg zu decken,
Und was du warst und was du bist,
  Noch einmal zu erwecken!

Die Nelken blühen mir allein
  Und können mich nur freuen,
Um sie bei hellem Mondenschein
  Dir auf das Grab zu streuen.

WILHELM MÜLLER

Blümlein Vergißmein

Was treibt mich jeden Morgen
So tief ins Holz hinein?
Was frommt mir, mich zu bergen
Im unbelauschten Hain?

Es blüht auf allen Fluren
Blümlein *Vergiß mein nicht,*
Es schaut vom heitern Himmel
Herab in blauem Licht.

Und soll ich's niedertreten,
Bebt mir der Fuß zurück,
Es fleht aus jedem Kelche
Ein wohlbekannter Blick.

Weißt du, in welchem Garten
Blümlein *Vergiß mein* steht?
Das Blümlein muß ich suchen,
Wie auch die Straße geht.

'S ist nicht für Mädchenbusen,
So schön sieht es nicht aus;
Schwarz, schwarz ist seine Farbe,
Es paßt in keinen Strauß:

Hat keine grünen Blätter,
Hat keinen Blütenduft,
Es windet sich am Boden
In nächtig dumpfer Luft:

Wächst auch an einem Ufer,
Doch unten fließt kein Bach,
Und willst das Blümlein pflücken,
Dich zieht der Abgrund nach:

Das ist der rechte Garten,
Ein schwarzer, schwarzer Flor,
Darauf magst du dich betten –
Schleuß zu das Gartentor!

Trockne Blumen

Ihr Blümlein alle,
Die sie mir gab,
Euch soll man legen
Mit mir ins Grab.

Wie seht ihr alle
Mich an so weh,
Als ob ihr wüßtet,
Wie mir gescheh?

Ihr Blümlein alle,
Wie welk, wie blaß?
Ihr Blümlein alle,
Wovon so naß?

Ach, Tränen machen
Nicht maiengrün,
Machen tote Liebe
Nicht wieder blühn.

Und Lenz wird kommen,
Und Winter wird gehn,
Und Blümlein werden
Im Grase stehn,

Und Blümlein liegen
In meinem Grab,
Die Blümlein alle,
Die sie mir gab.

Und wenn sie wandelt
Am Hügel vorbei,
Und denkt im Herzen,
Der meint' es treu!

Dann Blümlein, alle
Heraus, heraus!
Der Mai ist kommen,
Der Winter ist aus.

EUGEN ROTH

Am Kirchhof

Müd nach bitteren Winterleiden
Und den Mund noch in sanfter Trauer
Lehnt an den ergrünenden Weiden
Der Frühling dort an der Kirchhofmauer.

Veilchen hat er schon in den Händen,
Um sie still auf die Gräber zu streuen.
Denn die Toten will er zuerst erfreuen,
Die schon warten mit weißen Händen.

Aber dann mit wilderm Entzücken
Wirft er die Sträuße, voller und bunter,
Über die goldenen Hügel hinunter,
Daß sie Kinder und Liebende pflücken.

Kinder und Liebende sind es ja immer,
Die die frühesten Veilchen entdecken;
Holdes Erschrecken entlang die Hecken
Stürzt sich jubelnd in Duft und Schimmer.

STEFAN GEORGE

November-Rose

Sage mir blasse rose dort
Was stehst du noch an so trübem ort?
Schon senkt sich der herbst am zeitenhebel
Schon zieht an den bergen novembernebel.
Was bleibst du allein noch blasse rose?
Die lezte deiner gefährten und schwestern
Fiel tot und zerblättert zur erde gestern
Und liegt begraben im mutterschoosse . . .

Ach mahne mich nicht dass ich mich beeile!
Ich warte noch eine kleine weile.
Auf eines jünglings grab ich stehe:
Er vieler hoffnung und entzücken
Wie starb er? warum? Gott es wissen mag!
Eh ich verwelke eh ich vergehe
Will ich sein frisches grab noch schmücken
Am totentag.

GÜNTER EICH

Wiepersdorf, die Arnimschen Gräber

Die Rosen am Verwildern,
verwachsen Weg und Zaun, –
in unverwelkten Bildern
bleibt noch die Welt zu schaun.

Tönt noch das Unkenläuten
zart durch den Krähenschrei,
will es dem Ohr bedeuten
den Hauch der Zauberei.

Umspinnt die Gräberhügel
Geißblatt und Rosendorn,
hört im Libellenflügel
des Knaben Wunderhorn!

Die Gräser atmen Kühle
im gelben Mittagslicht.
Dem wilden Laubgefühle
versank die Stunde nicht.

Im Vogelruf gefangen,
im Kiefernwind vertauscht
der Schritt, den sie gegangen,
das Wort, dem sie gelauscht.

Dem Leben, wie sies litten,
aufs Grab der Blume Lohn:
Für Achim Margeriten
und für Bettina Mohn!

Nicht unter Stein und Ranke
schläft oder schlägt ihr Herz,
ein ahnender Gedanke
weht her von anderwärts.

Verstummen uns die Zeichen,
wenn Lurch und Krähe schwieg,
hallt aus den Sternbereichen
die andere Musik.

FRANZ VON DINGELSTEDT

Märzveilchen

1848

Das erste Veilchen dieses Jahres stand
Auf Père-la-Chaise, an eines Grabes Rand.

Dort hat es in der Nacht des dritten März
Getrieben Börnes Staub, – nein, Börnes Herz.

Es war sein Frühlingsgruß ans Vaterland,
Zu dessen spätem Frühling heimgesandt.

ROSE AUSLÄNDER

Paul Celans Grab

Keine Blumen gepflanzt
das sei überflüssig

Nichts Überflüssiges
nur
wilder Klatsch-Mohn
schwarzzüngig
ruft uns ins Gedächtnis
wer unter ihm
blühte

HILDE DOMIN

Ruf

Mich ruft der Gärtner.

Unter der Erde seine Blumen
sind blau.

Tief unter der Erde
seine Blumen
sind blau.

Blumen brechen

JOHANN WOLFGANG GOETHE

Heidenröslein

Sah ein Knab ein Röslein stehn,
Röslein auf der Heiden,
War so jung und morgenschön,
Lief er schnell, es nah zu sehn,
Sah's mit vielen Freuden.
Röslein, Röslein, Röslein rot,
Röslein auf der Heiden.

Knabe sprach: Ich breche dich,
Röslein auf der Heiden!
Röslein sprach: Ich steche dich,
Daß du ewig denkst an mich,
Und ich will's nicht leiden.
Röslein, Röslein, Röslein rot,
Röslein auf der Heiden.

Und der wilde Knabe brach
's Röslein auf der Heiden;

Röslein wehrte sich und stach,
Half ihm doch kein Weh und Ach,
Mußt' es eben leiden.
Röslein, Röslein, Röslein rot,
Röslein auf der Heiden.

Gefunden

Ich ging im Walde
So für mich hin,
Und nichts zu suchen,
Das war mein Sinn.

Im Schatten sah ich
Ein Blümchen stehn,
Wie Sterne leuchtend,
Wie Äuglein schön.

Ich wollt es brechen,
Da sagt' es fein:
Soll ich zum Welken
Gebrochen sein?

Ich grub's mit allen
Den Würzlein aus,
Zum Garten trug ich's
Am hübschen Haus.

Und pflanzt' es wieder
Am stillen Ort;
Nun zweigt es immer
Und blüht so fort.

THEODOR STORM

Hinter den Tannen

Sonnenschein auf grünem Rasen,
Krokus drinnen blau und blaß;
Und zwei Mädchenhände tauchen
Blumen pflückend in das Gras.

Und ein Junge kniet daneben,
Gar ein übermütig Blut,
Und sie schaun sich an und lachen
O wie kenn ich sie so gut!

Hinter jenen Tannen war es,
Jene Wiese schließt es ein –
Schöne Zeit der Blumensträuße,
Stiller Sommersonnenschein!

CLEMENS BRENTANO

Ich wollt ein Sträußlein binden,
Da kam die dunkle Nacht,
Kein Blümlein war zu finden,
Sonst hätt ich dir's gebracht.

Da flossen von den Wangen
Mir Tränen in den Klee,
Ein Blümlein aufgegangen
Ich nun im Garten seh.

Das wollte ich dir brechen
Wohl in dem dunklen Klee,
Doch fing es an zu sprechen:
»Ach tue mir nicht weh!

Sei freundlich in dem Herzen,
Betracht dein eigen Leid
Und lasse mich in Schmerzen
Nicht sterben vor der Zeit.«

Und hätt's nicht so gesprochen,
Im Garten ganz allein,
So hätt ich dir's gebrochen,
Nun aber darf's nicht sein.

Mein Schatz ist ausgeblieben,
Ich bin so ganz allein.
Im Lieben wohnt Betrüben,
Und kann nicht anders sein.

ANNETTE VON DROSTE-HÜLSHOFF

Blumentod

Wie sind meine Finger so grün,
Blumen hab ich zerrissen;
Sie wollten für mich blühn
Und haben sterben müssen.
Wie neigten sie um mein Angesicht
Wie fromme schüchterne Lider,
Ich war in Gedanken, ich achtet's nicht
Und bog sie zu mir nieder,
Zerriß die lieben Glieder
In sorgenlosem Mut.
Da floß ihr grünes Blut
Um meine Finger nieder;
Sie weinten nicht, sie klagten nicht,
Sie starben sonder Laut,
Nur dunkel ward ihr Angesicht,
Wie wenn der Himmel graut.
Sie konnten mir's nicht ersparen,
Sonst hätten sie's wohl getan;
Wohin bin ich gefahren
In trüben Sinnens Wahn?

O töricht Kinderspiel,
O schuldlos Blutvergießen!
Und gleicht's dem Leben viel,
Laßt mich die Augen schließen,
Denn was geschehn ist, ist geschehn,
Und wer kann für die Zukunft stehn?

Erntelied

Es ist ein Schnitter, der heißt Tod,
Hat Gewalt vom höchsten Gott;
Heut wetzt er das Messer,
Es schneidt schon viel besser,
Bald wird er drein schneiden,
Wir müssen's nur leiden.
Hüte dich, schöns Blümelein!

Was heut noch grün und frisch dasteht,
Wird morgen schon hinweggemäht:
Die edlen Narzissen,
Die Zierden der Wiesen,
Die schön Hyazinthen,
Die türkischen Binden.
Hüte dich, schöns Blümelein!

Viel hunderttausend ungezählt,
Was nur unter die Sichel fällt,
Ihr Rosen, ihr Lilien,
Euch wird er austilgen.
Auch die Kaiserkronen
Wird er nicht verschonen.
Hüte dich, schöns Blümelein!

Das himmelfarbe Ehrenpreis,
Die Tulipanen gelb und weiß,
Die silbernen Glocken,
Die goldenen Flocken,

Senkt alles zur Erden,
Was wird daraus werden?
Hüte dich, schöns Blümelein!

Ihr hübsch Lavendel, Rosmarein,
Ihr vielfärbige Röselein,
Ihr stolze Schwertlilien,
Ihr krause Basilien,
Ihr zarte Violen,
Man wird euch bald holen.
Hüte dich, schöns Blümelein!

Trotz! Tod, komm her, ich fürcht dich nicht,
Trotz, eil daher in einem Schnitt.
Werd ich nur verletzet,
So werd ich versetzet
In den himmlischen Garten,
Auf den alle wir warten.
Freu dich, du schöns Blümelein!

HERMANN HESSE

Die ersten Blumen

Neben dem Bach
Den roten Weiden nach
Haben in diesen Tagen
Gelbe Blumen viel
Ihre Goldaugen aufgeschlagen.
Und mir, der längst aus der Unschuld fiel,
Rührt sich Erinnerung im Grunde
An meines Lebens goldene Morgenstunde
Und sieht mich hell aus Blumenaugen an.
Ich wollte Blumen brechen gehn;
Nun laß ich sie alle stehn
Und gehe heim, ein alter Mann.

Blumensträuße

KURT TUCHOLSKY

Vaterländische Ritornelle

Wer nimmt es mit mir auf in Ritornellen?
Im Vorrat hab ich noch sechs Pferdelasten.
Wer schönere weiß als ich, der mag sich stellen.

Ligurisch

Du bunter Blumenstrauß!
  Hier, Leser, steck die Nase in die Pflanzen,
  berich sie, und die schönsten such heraus!

Blühende Geranien!
  Ihr seid wohlfeil und ein billiger Schmuck
  wie Königsthrone in dem Land Albanien.

Bescheidenes Veilchen!
  Und wenn du denkst, ein neues Wahlrecht kommt –
  wir sind in Preußen ... warte noch ein Weilchen!

Jelängerjelieber!
  Ja, über unsern Kanzler und den Gardeflügelmann –
  da geht nichts drieber.

Ihr Rosen, Tulpen und Narzissen!
  Die Hitze ließ uns auf der Wiese rasten ...
  Dort üben die Soldaten ... Horch, wer ruft?
  »Einjähriger Rosenbaum, drei Tage Kasten!«

Du welkes Blatt!
  Wenn du im trocknen Laube raschelst, muß ich
                                    denken,
  daß unser Kanzler was geredet hat.

Süß duftende Banane!
  Der Säugling heult. Die Misses legt ihn trocken.
  Als Windel dient die Votes-for-womens-Fahne.

Vaterländisches Gartenland!
  Ein fetter Humus, doch was wächst, ist ohne Reiz.
  Fehlt wohl des guten Gärtners leichte Hand?
  Da lohnte sich, es besser zu begießen
  (mit Spucke nicht, mit Wasser!) – dann gedeihts.
  Und tausend schönre Blumen werden darauf sprießen!

MAX DAUTHENDEY

Drinnen im Strauß

Der Abendhimmel leuchtet wie ein Blumenstrauß,
Wie rosige Wicken und rosa Klee sehen die Wolken aus.
Den Strauß umschließen die grünen Bäume und Wiesen,
Und leicht schwebt über der goldenen Helle
Des Mondes Sichel wie eine silberne Libelle.
Die Menschen aber gehen versunken tief drinnen im
        Strauß,
Wie die Käfer trunken und finden nicht mehr heraus.

WOLF VON NIEBELSCHÜTZ

Der Blumenschatten

Ein Strauß von Nelken, zart getönt,
Wie nur der Kelch der blassen Rose,
Hat meine Kammer mir verschönt
Und mit dem grauen Erdenlose
Mich einsam stillen Mann versöhnt.

Denn abends bei der Lampe Schein
Enthüllt sich doppelt ein Mirakel,
Ich schaue andachtsvoll darein:
Schau nach dem Strauß, der ohne Makel
Das Leben spiegelt, mild und rein,

Schau nach dem Schatten an der Wand,
Der nahen Wand im nahen Lichte,
Wohin der Strahl ihn ausgesandt,
Daß er den Nelkenstrauß bedichte,
Solang als bis die Nacht entschwand.

Und schön bis zur Vollkommenheit,
Die in den Himmel selber mündet,
Entsteht ein Traum im Schattenkleid,
Den mir die Lampe froh entzündet
Und meinen Schöpferstunden leiht.

O schöne Form, o frommes Spiel –
Das hebt sich aus dem Hals der Vase
So lächelnd leicht, so ohne Ziel,
So gaukelnd wie im Sommergrase
Ein Schmetterling auf schwankem Stiel.

Da seh ich manches Falterpaar
Im tiefen Blütenwald sich wiegen,
Und drüber schlägt unwandelbar,
In Ringen, die dem Licht entstiegen,
Der Pfau sein Rad und hält es dar.

Des Dichtens Müh ward nicht gezeigt,
Auch dichtet wohl dies Licht geschwinder,
Als ich es kann, der gerne schweigt
Und zuschaut, wie ums Bild der Kinder
Dort an der Wand ein Grashalm zweigt.

ANNETTE VON DROSTE-HÜLSHOFF

Meine Sträuße

So oft mir ward eine liebe Stund
Unterm blauen Himmel im Freien,
Da habe ich, zu des Gedenkens Bund,
Mir Zeichen geflochten mit Treuen:
Einen schlichten Kranz, einen wilden Strauß,
Ließ drüber die Seele wallen;
Nun stehe ich einsam im stillen Haus
Und sehe die Blätter zerfallen.

Vergißmeinnicht mit dem Rosaband –
Das waren dämmrige Tage,
Als euch entwandte der Freundin Hand
Dem Weiher drüben am Hage;
Wir schwärmten in wirrer Gefühle Flut,
In sechzehnjährigen Schmerzen;
Nun schläft sie lange. – Sie war doch gut,
Ich liebte sie recht von Herzen!

Gar weite Wege hast du gemacht,
Kamelia, staubige Schöne,
In deinem Kelche die Flöte wacht,
Trompeten und Zimbelgetöne;
Wie zitterten durch das grüne Revier
Buntfarbige Lampen und Schleier!
Da brach der zierliche Gärtner mir
Den Strauß beim bengalischen Feuer.

Dies Alpenröschen nährte mit Schnee
Ein eisgrau starrender Riese;

Und diese Tange entfisch ich der See
Aus Muschelgescherbe und Kiese;
Es war ein volles, gesegnetes Jahr,
Die Trauben hingen gleich Pfunden,
Als aus der Rebe flatterndem Haar
Ich diesen Kranz mir gewunden.

Und ihr, meine Sträuße von wildem Heid,
Mit lockerm Halme geschlungen,
O süße Sonne, o Einsamkeit,
Die uns redet mit heimischen Zungen!
Ich hab sie gepflückt an Tagen so lind,
Wenn die goldenen Käferchen spielen,
Dann fühlte ich mich meines Landes Kind,
Und die fremden Schlacken zerfielen.

Und wenn ich grüble an meinem Teich,
Im duftigen Moose gestrecket,
Wenn aus dem Spiegel mein Antlitz bleich
Mit rieselndem Schauer mich necket,
Dann lang ich sachte, sachte hinab
Und fische die träufelnden Schmelen;
Dort hängen sie, drüben am Fensterstab,
Wie arme vertrocknete Seelen.

So mochte ich still und heimlich mir
Eine Zauberhalle bereiten,
Wenn es dämmert, dort, und drüben, und hier,
Von den Wänden seh ich es gleiten;
Eine Fei entschleicht der Kamelia sich,
Liebesseufzer stöhnet die Rose,
Und wie Blutes Adern umschlingen mich
Meine Wasserfäden und Moose.

RICHARD DEHMEL

Der Strauß

Nun nimm drei weiße Nelken du,
mein Weib. Und du, Geliebte, nimm
diese drei roten noch dazu.
Und in die nickenden Nelken tu
ich eine dunkelgelbe Rose.

Seht: ist es nicht ein lockender Strauß,
ganz Eins auf diesem schwarzen Tuch?
Und sieht so farbenfriedsam aus.
Und nur von doppeltem Geruch:
die je drei Nelken und die Rose.

Nein, laßt! entzweit den Stengelbund
nicht! laßt! Sonst scheint so kalt und tot
bloß Gelb zu Weiß, und glüht so heiß
und brennt so wild bloß Gelb zu Rot;
dann, ja, dann haß ich wohl die Nelken!

Dann haß ich wild das zahme Weiß
und hasse kalt die rote Glut,
wohl bis zur Mordlust! Ja, es tut
mir *weh*, daß von Geruch und Blut
so reizend gleich sind alle Nelken!

Was willst du so entsetzt? Nein, bleib,
Geliebte, nimm: still seh ich zu:
nimm jetzt die weißen Nelken Du!
und die drei roten Du, mein Weib!
und ich die dunkelgelbe Rose.

MANFRED HAUSMANN

Zinnien

Der Strauß von Zinnien, Geliebte, ist es
dort auf der Truhe vor dem hohen Spiegel,
der immer mich verlockt, an anderes
als an dein Antlitz, wenn du sprichst, zu denken.
Wodurch beglückt er mich so tief, daß ich
die süße Senkung auf der Freundin Wange
so innig nicht mehr weiß wie sonst? Es liegt
nicht an den Farben, nicht am Samt der Blumen,
wiewohl sie unbegreiflicher sich dartun
als das Inwendige von Abendwolken,
wenn vor dem weichen Fall der Nacht ein Wind
sie langsam öffnet und die Glut der roten,
der gilbenden, der lila, der verblauten,
der violetten Dämmerungen da ist.
Und auch nicht an dem Anflug liegt es, der
wie Staub sich auf den Wölbungen der Blüten,
wie grauer Schmelz von Falterflügeln zeigt.
Vielleicht ist's aber, weil sie sind wie das,
was bleibt von einem Traum, wenn man sein fernes
Hinwandeln lange schon vergessen hat.
Nur die gedämpfte Buntheit weiß man noch,
und daß er voller Seltsamkeiten war
und traurig wie entstehende Musik.

RUDOLF BORCHARDT

Mit einem Strauß
aus dem botanischen Garten

Die fernsten Breiten aller Sagen
Hab ich durchspürt für diesen kleinen Strauß,
Die ganze Welt hat zu ihm beigetragen
Und nun sieht er doch ganz natürlich aus.

Das edle Träubchen, die juwelnen Rispen,
Die fremden Kelche, der verwunschene Stern,
Wie sie in tausend Märchensprachen lispen,
Im gleichen Glas vertragen sie sich gern.

KARL KROLOW

Erfahrung mit Blumen

Erfahrung: Wiederfinden
eines Motivs.
Zum Beispiel
alternde Schnittblumen in
einer Hand.

Dahinter
der sichtbare Text
einer Landschaft ohne Tod,
mit zuviel Pflanzengeruch
durchlässiger Buchstaben.

Später das Blumenthema,
wiederholt von anderen
Fingern.

Das Bukett fällt schließlich
müde durch die einverstandene Zeit,
von der man nichts
erfährt.

DETLEV VON LILIENCRON

Der Feldblumenstrauß

»Kam in ein Wirtshaus, ich weiß nicht wie,
Tanzt der Soldate, tanzt der Kommis.«
Ich ahne nicht, wer diesen Vers gemacht,
Aber ich habe sehr gelacht:
Denn Sonntag ist es gestern gewesen,
Und der Montag führte noch nicht den Besen.
Herrgott, sah der Tanzsaal aus,
Die Kehrweiber fegten noch nicht das Haus:
Zigarrenreste und Streichhölzerleichen,
Manschetten, ein Strumpfband und dergleichen,
Vertrocknetes Bier auf Bänken und Tischen,
Und der dickste Staub, kaum wegzuwischen.
An den Wänden Gemälde: »Der erste Kuß«,
»Die Teufelsinsel«, »Am Bosporus«.
Auch hingen hier Fahnen und ähnlicher Rummel,
Vergessen lehnte die große Trummel.
Ein zerschlagnes Seidel, ja selbst ein Schuh
Schmückte die Bar in heiterer Ruh.

Wer hat denn hier herumgerast
Und alles durcheinandergeaast?
Das war der teutsche Klub »Kasematte«,
Der gestern seine Sommerfahrt hatte.
Eben wollt' ich dem Schmutz mich entziehn
Und voller Entsetzen von dannen fliehn,
Als mir auffiel in diesem Pfuhl
Ein vergessen Bukettchen auf einem Stuhl.
Ich nahm es mit, es war schon tot,
Verwelkt wie am End alle Erdennot:
Schafgarbe, roter und weißer Klee,
Eine Taglichtnelke und Wiesenschnee,
Ein Butterblümchen, Kamillen und Gräser
Und einiges andere feine Gefäser.
Wer hat denn diesen Strauß besessen,
Wer hat ihn gepflückt und dann vergessen?
Sie ging wohl mit ihrem Schatz beiseit
In eine stille Seligkeit.
Und während die andern die Polka sprangen,
Ist sie mit ihm durch die Felder gegangen.
Dort fanden sie ein liebes Geschick;
Und während er faul auslümmelt am Knick,
Bog sie sich in die Blumenwelt
Und hat den Strauß zusammengestellt.
Und als er steckte im Gürtel drin,
Gingen sie wieder zum Tanzen hin.
Durch des Mädels heißes Blut
Verlor das Sträußchen bald den Mut,
Und die Blümekens ließen die Köpfe hängen
Durch all das Drücken und dreiste Drängen.
Roh lacht ihr Liebster, als er das sieht:
»Smiet em doch weg, den ohln Schiet!«

Moritat von der holden Gärtnersfrau

Müde kehrt ein Wandersmann zurück,
Nach der Heimat, seiner Liebe Glück,
Doch zuvor tritt er ins Gärtnerhaus,
Kauft für sein Lieb den schönsten Blumenstrauß.

Und die Gärtnersfrau, so hold und bleich,
Führt ihn hin zu ihrem Garten gleich,
Und bei jeder Blume, die sie bricht,
Rinnen Tränen ihr vom Angesicht.

»Warum weinst du, holde Gärtnersfrau?
Weinst du um die Veilchen dunkelblau?
Weinst du um die Rose, die du brichst?«
»Nein, ach nein, um diese wein' ich nicht!

Um den Liebsten weine ich allein,
Der gezogen in die Welt hinein,
Dem ich Lieb' und Treu' geschworen hab',
Die ich als Gärtnersfrau gebrochen hab'.

Woher treibt dich, Wandrer, das Geschick?
Kehrst zu deinem Liebchen du zurück?
Warum fällt dein Blick auf meinen Ring,
Den aus Liebe einst ich von ihm empfing?«

»Warum hast du mir denn nicht getraut,
Deine Liebe war auf Sand gebaut.
Sieh den Ring, der mich nun immer mahnt,
Und die Treu', die du gebrochen hast.

Treue Liebe hast du nicht gehegt,
Aber Blumen hast du mir gepflegt;
Darum schenk mir, schöne Gärtnersfrau
Noch einen Strauß mit deiner Tränen Tau.

Mit dem Blumenstrauße in der Hand
Will ich wandern durch das weite Land,
Bis der Tod mein müdes Auge bricht,
Ade Geliebte, und vergiß mich nicht.«

EUGEN ROTH

Blumen

Ein Mensch, erkrankt schier auf den Tod
An Liebe, ward mit knapper Not
Gerettet noch von einer Mimin,
Die sich ihm hingab als Intimin.
Noch wild erfüllt von Jubelbraus
Geht er in tiefer Nacht nach Haus;
Er dampft vor Dankbarkeit und Wonne,
Ein jeder Stern wird ihm zur Sonne:
Ha! Morgen stellt er um den Engel
Gleich hundert Orchideenstengel ...
Er wird, und sollts ihn auch zerrütten,
Das Weib mit Rosen überschütten ...
Nicht Rosen, nein, die schnell verwelken –
Er bringt ihr einen Büschel Nelken ...
Sollt man nicht jetzt, im Winter nehmen
Vier, drei, zwei schöne Chrysanthemen?
Wie wär es, denkt er hingerissen,
Mit Tulpen oder mit Narzissen?
Entzückend ist ein Primelstöckchen;
Süß sind des Lenzes erste Glöckchen.
Doch damit, ach, ist sein Gemüt
Denn auch so ziemlich abgeblüht.
Er sinkt ins Bett und träumt noch innig:
Ein Veilchenstrauß, das wäre sinnig ...

Blumengruß

JOHANN WOLFGANG GOETHE

Blumengruß

Der Strauß, den ich gepflücket,
Grüße dich viel tausendmal!
Ich habe mich oft gebücket,
Ach wohl ein tausendmal,
Und ihn ans Herz gedrücket
Wie hunderttausendmal!

Mit einer Hiazynthe

Aus dem Zaubertal dortnieden
Das der Regen still umtrübt,
Aus dem Taumel der Gewässer,
Sendet Blume Gruß und Frieden
Der dich immer treu und besser
Als du glauben magst geliebt.

Diese Blume die ich pflücke
Neben mir vom Tau genährt
Läßt die Mutter still zurücke
Die sich in sich selbst vermehrt.

Lang entblättert und verborgen
Mit den Kindern an der Brust,
Wird am neuen Frühlingsmorgen
Vielfach sie des Gärtners Lust.

G. d. 25 Apr 78.

NIKOLAUS LENAU

Bei Übersendung eines Straußes

In den trüben, in den kalten
Tagen, die uns heimgesucht,
Hat der Herbst auf ihrer Flucht
Letzte Blumen aufgehalten,
Um sie dir zu schenken!
Diesem Herbste will ich gleichen:
Wenn auf meine lauten Wälder,
Blumigen Gedankenfelder
Mir die Todeslüfte streichen,
Daß sie schweigen und verblühn,
Will ich mit dem letzten Grün
Deiner noch gedenken.

Mit unaufgeblühten Blumen

Der Frühling ist gekommen,
Er zieht durch sein Revier,
Du hast es nicht vernommen
Im Krankenzimmer hier,

Wie er durch seine Strahlen
Den Winter ganz vertrieb,
Daß ihm in Berg und Talen
Nicht eine Stätte blieb,

Wie er den Grund erschlossen
Und alle Keime weckt,
Daß man ein lustig Sprossen
Schon überall entdeckt.

Doch um dir zu ersetzen,
Was unterdes dahin,
Schickt er, dein Aug zu letzen,
Dir dieses frische Grün.

Er schickt dir diese Pflanzen,
Daß sie dir ungefähr
Anzeigten, wies im ganzen
Nun aussieht rings umher.

Zwar sind noch leider offen
Die schönen Blüten nicht,
Doch steht es wohl zu hoffen,
Daß bald die Knospe bricht.

So hoff ich, daß dein Leben
Die Krankheit brech entzwei,
Daß es in regem Streben
Erblühe frisch und neu,

Und hoff, wenn aufgegangen
Der Kelch der Blumen ganz,
So sollest wieder prangen
Auch du im Blumenglanz.

Doch aller Schein der Sonnen,
Der Blüten schönstes Rot
Und alle Frühlingswonnen
Sind für uns hin und tot,

Wenn Gott, der gnadenreiche,
Dies eine nicht erteilt,
Daß er von schwerer Seuche
Die liebe Mutter heilt.

Drum wünsch ich dir dies eine
Nur zum Geburtstag heut,
Daß bald ihr im Vereine
Frisch und genesen seid.

SWEET PEA.

WILHELM HAUFF

An Emilie

Zum Garten ging ich früh hinaus,
Ob ich vielleicht ein Sträußchen finde?
Nach manchem Blümchen schaut' ich aus,
Ich wollt's für dich zum Angebinde;
Umsonst hatt' ich mich hinbemüht,
Vergebens war mein freudig Hoffen;
Das Veilchen war schon abgeblüht,
Von andern Blümchen keines offen.

Und trauernd späht' ich her und hin;
Da tönte zu mir leise, leise
Ein Flüstern aus der Zweige Grün,
Gesang nach sel'ger Geister Weise;
Und lieblich, wie des Morgens Licht
Des Tales Nebelhüllen scheidet,
Ein Röschen aus der Knospe bricht,
Das seine Blätter schnell verbreitet.

»Du suchst ein Blümchen!« spricht's zu mir,
»So nimm mich hin mit meinen Zweigen,
Bring' mich zum Angebinde ihr!
Ich bin der wahren Freude Zeichen.
Ob auch mein Glanz vergänglich sei,
Es treibt aus ihrem treuen Schoße
Die Erde meine Knospen neu;
Drum unvergänglich ist die Rose.

Und wie ein Leben ewig quillt
Und Knosp' um Knospe sich erschließet,
Wenn mich die Sonne sanft und mild
Mit ihrem Feuerkuß begrüßet,
So deine Freundin ewig blüht,
Beseelt vom Geiste ihrer Lieben;
Denn ob der Rose Schmelz verglüht –
Der Rose Leben ist geblieben.«

HEINRICH HEINE

Morgens send ich dir die Veilchen,
Die ich früh im Wald gefunden,
Und des Abends bring ich Rosen,
Die ich brach in Dämmrungstunden.

Weißt du was die hübschen Blumen
Dir Verblümtes sagen möchten?
Treu sein sollst du mir am Tage
Und mich lieben in den Nächten.

LUDWIG UHLAND

Der Blumenstrauß

Wenn Sträuchen, Blumen manche Deutung eigen,
Wenn in den Rosen Liebe sich entzündet,
Vergißmeinnicht im Namen schon sich kündet,
Lorbeere Ruhm, Zypressen Trauer zeigen;

Wenn, wo die andern Zeichen alle schweigen,
Man doch in Farben zarten Sinn ergründet,
Wenn Stolz und Neid dem Gelben sich verbündet,
Wenn Hoffnung flattert in den grünen Zweigen:

So brach ich wohl mit Grund in meinem Garten
Die Blumen aller Farben, aller Arten
Und bring sie dir, zu wildem Strauß gereihet:

Dir ist ja meine Lust, mein Hoffen, Leiden,
Mein Lieben, meine Treu, mein Ruhm, mein Neiden,
Dir ist mein Leben, dir mein Tod geweihet.

MAX HERRMANN-NEISSE

Die Rose für den Dichter

Sie wagte durch den ganzen Saal zu schreiten,
sie dachte: Alle blicken auf mich hin
und sehn, wie töricht ich errötet bin –
was ahnen sie von meinen Seligkeiten!

Sie legte linkisch eine Rose nieder
neben die Kerze auf den leeren Tisch
und fand auf ihren Platz nachtwandlerisch
und saß, als wäre nichts geschehn, schon wieder.

Und alles schwieg. Nun stand der Dichter oben
und fing zu sprechen an, daß die Musik
klingender Verse wie ein Springbrunn stieg,
im Silberstrahl zum Himmel aufgehoben.

Er stand in ihrem Glanze, sie verschönten
sein aufgetanes Alltags-Angesicht.
Er sah den Saal und seine Menschen nicht
im Rausch der Strophen, die ihn groß umtönten.

Sie tönten noch, als er von seinem Blatte
aufblickte und der Beifall ihn umfing.
Er wußte nicht, als er vom Podium ging,
daß er in seiner Hand die Rose hatte.

Erst nachts in seinem heimatlosen Zimmer
hat er das göttliche Geschenk erkannt.
Und immer auf dem Tisch die Rose stand
in unverwelklichem, weltfremdem Schimmer.

Blumen am Busen

CHRISTIAN HOFMANN VON HOFMANNSWALDAU

An Flavien.
Über einen auf ihrer brust steckenden
Hyacinthen-strauß.

Du wilst die weisse brust zu einem garten machen /
   Dir trägt das gute land schon Hyacinthen ein.
Doch sol die fruchtbarkeit dein Eden stets bewachen;
   So laß / o Flavia / mich deinen gärtner seyn.
Ich will dir treu und fleiß mit hand und mund
                              versprechen /
   Nimm meine küsse nur statt thau und regens an.
Und wird dein gärtner gleich zuweilen blumen
                              brechen /
   So dencke / daß er dir auch blumen pflantzen kan.

JOHANN MARTIN MILLER

An ein verwelktes Röschen

Röschen, wie beneid ich dich!
Glücklich warest du vor allen;
Sylvien hast du gefallen,
Und sie brach und wählte dich.

Allen Jünglingen zur Lust,
Blühtest du an ihrer Brust.
Und dann war dein Tod so süß!

Als du abends welktest, ließ
Sie auf dich ein Tränchen fallen.
O wie neid ich dich vor allen!
O wie war dein Tod so süß!

THEODOR STORM

Nelken

Ich wand ein Sträußlein morgens früh,
Das ich der Liebsten schickte;
Nicht ließ ich sagen ihr, von wem,
Und wer die Blumen pflückte.

SNOWBERRY.

Doch als ich abends kam zum Tanz
Und tat verstohlen und sachte,
Da trug sie die Nelken am Busenlatz,
Und schaute mich an und lachte.

HEINRICH HEINE

Es haben unsre Herzen
Geschlossen die heilge Allianz;
Sie lagen fest aneinander,
Und sie verstanden sich ganz.

Ach, nur die junge Rose,
Die deine Brust geschmückt,
Die arme Bundesgenossin,
Sie wurde fast zerdrückt.

WILHELM BUSCH

Die Rose sprach zum Mägdelein:
Ich muß dir ewig dankbar sein,
Daß du mich an den Busen drückst
Und mich mit deiner Huld beglückst.

Das Mägdlein sprach: O, Röslein mein,
Bild dir nur nicht zu viel drauf ein,
Daß du mir Aug und Herz entzückst.
Ich liebe dich, weil du mich schmückst.

Blumen ins Zimmer geholt

WILHELM BUSCH

Das traurige Röslein

Ein Röslein war gar nicht munter,
Weil es im Topfe stand,
Sah immer traurig hinunter
Auf die Blumen im freien Land.
Die Blumen nicken und winken.
Wie ist es im Freien so schön
Zu tanzen und Tau zu trinken
Bei lustigem Windeswehn.
Von bunten Schmetterlingen
Umgaukelt, geschmeichelt, geküßt;
Dazwischen der Vöglein Singen
Anmutig zu hören ist.
Wir preisen dich und loben
Dich, fröhliche Sommerzeit;
Ach, Röslein am Fenster droben,
Du tust uns auch gar zu leid.
Da ist ins Land gekommen
Der Winter mit seiner Not.
In Schnee und Frost verklommen
Die Blumen sind alle tot.

Ein Mägdlein hört es stürmen,
Macht fest das Fenster zu.
Jetzt will ich dich pflegen und schirmen,
Du liebes Röslein du.

CHRISTIAN WAGNER

Blumen neben dem Krankenbett

Gartenwinden, strahlig und geflammt,
Eingefaßt von blauem Seidesamt,
Braune Nelken, brechend aus der Hülle
Ihrer Kelche in der Düfte Fülle,

Ringelblumen so wie Flittergold,
Das die Julisonne aufgerollt,
Bohnenblüten, an des Zweigs Geschwinge
Scharlachrote kleine Schmetterlinge,

Gartenwicken, himmelblau beschwingt,
Wie ein Falter, der zum Äther dringt,
Hehr und glanzvoll seine Flügel spaltet,
Wieder sie zur Ruh zusammenfaltet,

Standen da vor mir in einem Glas,
Da ich krank in meinem Bette saß:
Mußte nicht frisch Leben sich entfachen
Bei dem Segnen dieser Blumenwachen?

ARNO HOLZ

Morgendlicher Rosenstrauß

Ich
trat in mein Zimmer.

Die
Fenster ... standen ... weit auf,
draußen
schien die Sonne.

Wie
wunderbar:

Aus
tiefsattem, köstlichstem,
noch
taublätterigem, noch tauleuchttropfigem, noch tauglitzerigem
Dunkelglanzgrün,
flimmernd, schimmernd, glimmernd,
mitten
im
schattenkühlen, ebenerdigen, weinrebenumkletterhangenen
Gartenhausraum,
Rosen!

Ein
ganzer
großer, wundervoller,
prachtender, prahlender, prangender,
strahlender,
stolz-stattlicher
Strauß!

Weiße, gelbe, lichtnußbraune,
rote,
zarte, blasse, rührend sanftrosaknospende,
fast
mystisch,
schwarzblau, samtschwer
schillernde
und
feuerigst, traumhaft, rauschherrlichst
lodernde
aus wildem, aus
üppigstem, aus prunkendstem
Orange!

. . . .

Langsam,
zauberisch ... wie ... mich bannend,
zog es mich
näher.

Ah,
wie das herzduftete! ... Ah ... wie das seelendurchfrohte!
Ah,
wie das
wohl ... tat!

Und
ich stellte das
Glas,
behutsam, sorglich, vorsichtig,
andächtig, versunken,
wieder ... auf ... meinen
alten,
buchenen, konzeptpapierbedeckten, tintenfleckenüberkleckten,
simpelen
Schreibtisch.

Du ... Süße! ... Du ... Liebe! ... Du
Gute!

. . . .

Dort
steht es nun,
buntblitzerig, farbenüberfunkelt, märchentrautschön;
labespendet
seinen berückenden, erquickungsendet seinen beglückenden,
troststreut
seinen vielfältig feinen, seinen mannigfaltig reinen, seinen
durchmengt, durchmischt,
verschwenderisch
un-
vergleichbaren
lauteren, wonniglichen, lieblichen,
makellosen,
morgenfrühen, morgenfreudigen, morgenfrischen
Balsamruch;
und in alles, was ich dichte, und in alles, was ich denke, und in
alles, was ich
sinne, trachte,
arbeite,
erträume und erstrebe,
glänzt jetzt sein reicher, haucht jetzt sein weicher, fließt jetzt
sein holder, sein voller, sein
beseligender
Schein!

RAINER MARIA RILKE

Die Rosenschale

Zornige sahst du flackern, sahst zwei Knaben
zu einem Etwas sich zusammenballen,
das Haß war und sich auf der Erde wälzte
wie ein von Bienen überfallnes Tier;
Schauspieler, aufgetürmte Übertreiber,
rasende Pferde, die zusammenbrachen,
den Blick wegwerfend, bläkend das Gebiß
als schälte sich der Schädel aus dem Maule.

Nun aber weißt du, wie sich das vergißt:
denn vor dir steht die volle Rosenschale,
die unvergeßlich ist und angefüllt
mit jenem Äußersten von Sein und Neigen,
Hinhalten, Niemals-Gebenkönnen, Dastehn,
das unser sein mag: Äußerstes auch uns.

Lautloses Leben, Aufgehn ohne Ende,
Raum-brauchen ohne Raum von jenem Raum
zu nehmen, den die Dinge rings verringern,
fast nicht Umrissen-sein wie Ausgespartes
und lauter Inneres, viel seltsam Zartes
und Sich-bescheinendes – bis an den Rand:
ist irgend etwas uns bekannt wie dies?

Und dann wie dies: daß ein Gefühl entsteht,
weil Blütenblätter Blütenblätter rühren?
Und dies: daß eins sich aufschlägt wie ein Lid,
und drunter liegen lauter Augenlider,

geschlossene, als ob sie, zehnfach schlafend,
zu dämpfen hätten eines Innern Sehkraft.
Und dies vor allem: daß durch diese Blätter
das Licht hindurch muß. Aus den tausend Himmeln
filtern sie langsam jenen Tropfen Dunkel,
in dessen Feuerschein das wirre Bündel
der Staubgefäße sich erregt und aufbäumt.

Und die Bewegung in den Rosen, sieh:
Gebärden von so kleinem Ausschlagswinkel,
daß sie unsichtbar blieben, liefen ihre
Strahlen nicht auseinander in das Weltall.

Sieh jene weiße, die sich selig aufschlug
und dasteht in den großen offnen Blättern
wie eine Venus aufrecht in der Muschel;
und die errötende, die wie verwirrt
nach einer kühlen sich hinüberwendet,
und wie die kühle fühllos sich zurückzieht,
und wie die kalte steht, in sich gehüllt,
unter den offenen, die alles abtun.
Und *was* sie abtun, wie das leicht und schwer,
wie es ein Mantel, eine Last, ein Flügel
und eine Maske sein kann, je nach dem,
und *wie* sie's abtun: wie vor dem Geliebten.

Was können sie nicht sein: war jene gelbe,
die hohl und offen daliegt, nicht die Schale
von einer Frucht, darin dasselbe Gelb,
gesammelter, orangeröter, Saft war?
Und wars für diese schon zu viel, das Aufgehn,
weil an der Luft ihr namenloses Rosa
den bittern Nachgeschmack des Lila annahm?

Und die batistene, ist sie kein Kleid,
in dem noch zart und atemwarm das Hemd steckt,
mit dem zugleich es abgeworfen wurde
im Morgenschatten an dem alten Waldbad?
Und diese hier, opalnes Porzellan,
zerbrechlich, eine flache Chinatasse
und angefüllt mit kleinen hellen Faltern, –
und jene da, die nichts enthält als sich.

Und sind nicht alle so, nur sich enthaltend,
wenn Sich-enthalten heißt: die Welt da draußen
und Wind und Regen und Geduld des Frühlings
und Schuld und Unruh und vermummtes Schicksal
und Dunkelheit der abendlichen Erde
bis auf der Wolken Wandel, Flucht und Anflug,
bis auf den vagen Einfluß ferner Sterne
in eine Hand voll Innres zu verwandeln.

Nun liegt es sorglos in den offnen Rosen.

HUGO VON HOFMANNSTHAL

Die Töchter der Gärtnerin

Die eine füllt die großen Delfter Krüge,
Auf denen blaue Drachen sind und Vögel,
Mit einer lockern Garbe lichter Blüten:
Da ist Jasmin, da quellen reife Rosen
Und Dahlien und Nelken und Narzissen ...
Darüber tanzen hohe Margeriten
Und Fliederdolden wiegen sich und Schneeball
Und Halme nicken, Silberflaum und Rispen ...
Ein duftend Bacchanal ...
Die andre bricht mit blassen feinen Fingern
Langstielige und starre Orchideen,
Zwei oder drei für eine enge Vase ...
Aufragend mit den Farben die verklingen,
Mit langen Griffeln, seltsam und gewunden,
Mit Purpurfäden und mit grellen Tupfen,
Mit violetten, braunen Pantherflecken
Und lauernden, verführerischen Kelchen,
Die töten wollen ...

MOSS ROSE.

Blumen im Krieg

Gelbe Tulpen im Glase:
Schau sie dir an!
Wie die Welt auch rase
An diesem Tage, der blutet und stöhnt
Heldisch und roh,
Von Eisen zerdröhnt:
Sie haben nicht Teil daran –
Gelbe Tulpen im Glase.

Etwas muß sein, daß es bleibe,
Ohne daß mans gewöhnt:
Wert, der nichts sonst begehrt,
Als dies eine:
Schön zu sein: Unversehrt
Mitten im Wahn.

Furcht ist im Leibe,
Blut ist im Weine,
Schmach ist im Weibe,
Unrecht im Schwert.
Neid ist im Golde,
Haß ist im Edelsteine.

Doch, ob auch des Gerichts
Posaune blase:
Nichts rührt das holde
Reine Geheimnis an:
Gelbe Tulpen im Glase!

RICHARD DEHMEL

Ein Blütenblatt

Von deinen Tulpen fiel das erste Blatt.
Es liegt am Fuß der stolz geschwungnen Vase
und lehnt sich auf am gletscherblauen Glase,
und drüber flammt der Strauß mit dreizehn Bränden.
Und eine von den Blüten züngelt so
in sich gekrümmt, als suche farbensatt
ihr Leben eine kalte Ruhestatt
und rette sich aus halbverbrannten Wänden.
Doch eine andre ist so lichterloh
geöffnet, daß wie zwischen Feuerwiegen
die gelbgekrönte Samenpuppe prangt,
die nach der Blüte nicht zurückverlangt,
wenn alle Blätter abgefallen liegen.

GOTTFRIED BENN

Henri Matisse: »Asphodèles«

»Sträuße – doch die Blätter fehlen,
Krüge – doch wie Urnen breit,
– Asphodelen,
der Proserpina geweiht –«

Blumen-Düfte

HERMANN HESSE

Düfte

Der Duft des Hyazinth

ist zu schwer, dem Wind zu folgen,
steigt in honigsüßen Wolken
süß und schläfernd dem Betäubten
wie ein weicher Traum zu Häupten.

Der Duft der Nelken

lodert auf in heißen Prächten
wie des Windes Hin und Wieder
in verträumten Sommernächten
Takte trägt gesungener Lieder,
kommt und glüht und geht von hinnen
in der heißen Luft und läßt
wie ein rasch verlohtes Fest
dir zurück ein schmerzlich Sinnen.

Der Duft des Veilchens

schwingt sich zart und lustbeklommen
über licht begrünte Hecken,
lockt dich, läßt dich näher kommen,
spielt ein schelmisches Verstecken,
löst in deiner Seele leise
eine langeher vergessene,
süße, dennoch unermessene
heimatliche Liebesweise.

Den Duft der Reseden

mußt du mit geschloßnen Augen
aus der schlichten Blüte saugen;
heimlich wird er dann im Innern
dich der Heimat stets erinnern.

Der Duft des Jasmin

streift nächtelang die Gartensäume,
mit fremdbekanntem Reiz berückend,
auf blasse Schläferstirnen drückend
den schwülen Kranz verliebter Träume.

Der Duft der Narzissen

ist herb im Grund und dennoch zart,
wenn er mit Erdgeruch gepaart,
vom lauen Mittagswind gefaßt,
durch's Fenster kommt als stiller Gast.

Ich habe drüber nachgedacht –
das ist's, was ihn so köstlich macht:
daß er der Erstling jedes Jahr
im Garten meiner Mutter war.

Der Duft der Rose

nimmt dich in einen süßen Bann,
rührt dich liebkosend leise
wie eine Liederweise
mit Ahnung voller Schönheit an,
ist ohne Gleichnis rein und zart:
du kannst es nicht ermessen,
fühlst nur ein süß Vergessen
und eine süße Gegenwart.

Der Duft des Heliotrop

trägt ein dunkel wunderbares
Locken wie das feuchte Glänzen
prachtvoll nach erregten Tänzen
aufgelösten Frauenhaares.

FRIEDRICH SCHLEGEL

Die Blumen

Die schönen Farben dürfen nicht mehr glänzen,
Man darf den süßen Putz nicht mehr entfalten.
Wie ziemt' es auch zu solchen hohen Tänzen,
Wo Sterne heilig walten,
Die das Azur umkränzen,
Und nimmer wohl veralten?
Wenn sich des Himmels Blumen herrlich zeigen,
So muß der Erde Kinderglanz ja schweigen.

Das Eine kann uns auch die Nacht nicht rauben,
Daß wir in Düften unser Sein verkünden;
Muß jungen Blüten noch die Lust erlauben,
Wo sie in dunklen Gründen
Und schön geflochtnen Lauben
So innig sich verbünden,
Die Luft mit süßerm Wohlgeruch zu füllen,
Je dichter sie sich selbst in Schatten hüllen.

Vergeblich strebt der Mensch mit schlauem Sinne,
Von welcher Blume wohl der Duft, zu fühlen,
Daß jeder Blume Geist sein Geist gewinne!
Wo holde Lüfte spielen,
Daß jeder Hauch zerrinne,
Umflossen von Gefühlen
Vergißt er bald, von welcher Lust er trinket,
Wenn er berauscht in Balsamfluten sinket.

TRUE LOVER'S KNOT.

ADELBERT VON CHAMISSO

Die Knospe der Rose

Von der üppgen, grünen Blätter
  Schattgem Netze dicht umwoben,
Wagt den Kelch nicht zu entfalten,
  Knospe noch, die zarte Rose.

Und sie reift das Gold der Düfte
  In des Kelches tiefem Borne,
Reift der Reize stille Mächte
  In dem Innersten verborgen.

Rose, Rose! bald entschwellen
  Muß die Kron der vollen Knospe,
Steigen bald das Gold der Düfte
  Aus des dunkeln Kerkers Wohnung.

Purpurglühend wird erstrahlen
  Dir, der Sehnenden, Aurora,
Ihr dein Kelch entgegen glühen
  Von der Blätter grünem Throne.

Selig, selig, wem erblühet
  Dann die lang verschloßne Krone,
Daß er trinke Gold der Düfte
  Aus dem reichsten Kelch der Wonnen!

Mein Zimmer duftet königlich fein,
Veilchenprinzessinnen zogen ein,
Schwärmen und wärmen mit weichblauen Augen,
Fächeln und hauchen schmachtende Lächeln,
Winken mit feinen, vornehmen Gliedern,
Laden mich ein,
Ich neige mich nieder,
Ihr Page bin ich,
Ihre Lippen sind mein.
Ich schwöre ewige, ewige Liebe,
Sie schweigen so süß,
Schauen so ernst aus den schwerblauen Augen.
Meinen sie, Schwüre und Blumen verwelken?
Sie lächeln und weinen,
Meine kleinen Prinzessen.

CHRISTIAN MORGENSTERN

Dichters Rückkehr

Ein feiner Duft erfüllt den Raum,
als wär ein Weib zu Gast gewesen
und hätte meinen letzten Traum
vom Rosenkönigreich gelesen –

und mir zum duftberedten Danke
von zarter Flamme Glut erregt
des Gürtels holde Rosenranke
auf meinen stillen Tisch gelegt.

ERICH FRIED

Blütenträume

Auf Antrag der Tulpen und Astern
beschlossen die Blumen
in Hinblick auf die Weltlage
nicht mehr zu duften

»Erschüttert von dieser Mahnung
werden die Menschen
Maßnahmen treffen
die Kriegsgefahr zu verringern«

Doch die haben keine Nase
für Warnungen durch die Blume
Sie nennen sie unreife Pflanzen
und können sie nicht mehr riechen

Sie treiben es weiter
unverblümter denn je
Nur die Kunstblumenindustrie
blüht wie nie zuvor

Die Sprache der Blumen

RAINER MARIA RILKE

Die Sprache der Blumen

Und glaubst du gleich den Worten nicht,
die ich dir hoffend schrieb –
die Sprache, die die Blume spricht,
verstehst du doch, mein Lieb.

Wenn dein Fuß dort fürder schreitet,
wo die Fluren üppig stehn –
glaub mir, jede Blume deutet
viel dir – kannst du sie verstehn.

Wenn ein Hauch von zarten Winden
leise lispelt durch die Flur –
horche, was sie dir verkünden
all die Kinder der Natur: –

Amaryllis

Mögen mich auch alle hassen,
leis wend ich mein Haupt zu dir.
Sieh, ich fühl mich so verlassen,
komm, Geliebte, komm zu mir.

Nemorilla

Leuchten droben dort die Sterne,
öffne ich mein Blütenkleid.
Ja, mein Freund, ich komme gerne,
nur bestimme du die Zeit.

Stachelbeere (Ribes grossularia)

Schaffe dir, vernimm die Lehre, –
strebend deinen eignen Herd.
Diesem Wirken ziemet Ehre,
Häuslichkeit giebt hohen Wert.

Eiche (Quercus)

Freund, bei jedem deiner Werke,
daß dein Arm dir nie erschlafft,
traue auf die eigne Stärke,
traue auf die eigne Kraft.

Hollunder (Syringa vulgaris)

Unheil droht dir unabwendig:
Rose glänzt zwar, doch sie sticht.
Ich nur bleibe stets beständig,
glaube mir, verkenn mich nicht.

Rittersporn (Delphinium)

Sagt dir nicht ein tief Verlangen,
siehst du mich im weiten Feld
stolz vor allen andern prangen:
Mutigen gehört die Welt!?

Immergrün

Hat auch mancher Blitz getroffen, –
alle Blitze töten nicht.
Immer giebt ein neues Hoffen
neue frohe Zuversicht.

Camelie (Camellia)

Nie sprachst du ein Wort von Milde,
das so wohl dem Ohre schallt.
Scheinst gleich einem Marmorbilde
stolz und schön, doch rauh und – kalt.

Weißdorn (Crataegus)

Wag es nimmer mich zu brechen,
bald schon hättest du's bereut –
denn, mein Freund, ich müßte stechen,
tät es mir auch noch so leid.

Frauenschuh (Cypripedium)

Überlege, überlege
jeden Umstand vor der Tat
und erwäge, Freund, erwäge
sogleich jeden guten Rat.

Aster (aster chinensis)

Scheint die Sonne kalt und trüber –
in die Zukunft wend den Blick.
Sieh! der Winter geht vorüber
und der Frühling kehrt zurück!

Schneeball

Gestern hast du mir versprochen
Lieb und Treu zu jeder Frist.
Heute schon dein Wort gebrochen; –
wie veränderlich du bist!

Levkoie

Tief hat mich dein Spott getroffen,
den ich bitter gar empfand –
dennoch biet ich frei und offen
zur Versöhnung dir die Hand.

Primel

Nimmer will ich höher streben,
denn ich lieb mein schlichtes Kleid.
Glaub, das höchste Glück im Leben
liegt in der Zufriedenheit.

Heckenrose

Täusche, Falscher, nicht mein Hoffen,
wie das Herz, mit dem du spielst!
O! so sag mir frei und offen
was du denkst und was du fühlst.

Epheu

Aufwärts streb ich zu der Höhe,
auf – zu deinem Fenster sacht . . . .
Lang schon such ich deine Nähe,
die mich, ach! so glücklich macht.

Brennende Liebe

Nur drei Worte sind vonnöten,
bergen Seligkeit in sich –
sieh mich zittern, mich erröten
und vernimm: Ich liebe dich! –

Pantoffelblume

Herrschsucht macht die Liebe schwinden,
und mit ihr enteilt das Glück,
nie wirst du sie wiederfinden,
ganz kehrt nie sie mehr zurück.

Veilchen

Schlicht nur bist du stets gewesen,
unbedeutend oft und klein,
dennoch nimmt dein liebes Wesen
jeden, jeden für dich ein.

Pelargonium

Trag ich doch an meinem Schmerze
wirklich schon genug und schwer;
laß mir Ruhe; – deine Scherze,
sie verwunden mich noch mehr.

Hyazinthe

Tief im Herzen zieht ein Weben
ach, so hold, so selig ein:
Dir gehört mein ganzes Leben,
dir gehört mein ganzes Sein.

Narzisse

Hast du herzlos auch getrieben
loses Spiel; mich oft betrübt, –
dennoch muß ich stets dich lieben –
wie ich immer – dich geliebt.

Winde

Nur der Schmeichler will dich schonen.
Wahrer Freund dir wahr stets spricht,
willst du's dankend ihm entlohnen,
dein Vertraun entzieh ihm nicht.

Georgine

Lohn wird dir zu allen Zeiten
ohne Müh und Arbeit nie.
Liebe mußt du auch erstreiten;
denn nur dann verdienst du sie.

Myrte

Was ich kaum zu denken wagte,
meiner Träume holdes Bild,
– eh der junge Morgen tagte,
hat mein Glück sich schon erfüllt!

Christusauge

Nicht die Schönheit, nicht die Jugend
frommen wohl am meisten dir.
Nur Bescheidenheit und Tugend
sind des Weibes höchste Zier.

Klee

Wenig ists – was ich verkünde,
daß ich Herzen innig band.
Jenes Band, mit dem ich binde,
Freundschaft wirds allhier genannt.

Stiefmütterchen

Schließe stets dein Ohr und meide
die da schwatzen bös und schlecht.
Sei auf deiner Hut und scheide
streng den Irrtum von dem Recht.

Bandgras

Wie am Rosenblatt, dem süßen
saugt der Schmetterling – so lind,
so muß ich und müßt ichs büßen –
küssen dich, – du schönes Kind.

Apfelblüte

Wenn auch Wogen wild sich stauen,
vorwärts wende deinen Blick.
Dorten in der nebelgrauen
fernen Zukunft liegt dein Glück.

Vergißmeinnicht

Löschen dieses Lebens Gluten,
ich bleib dennoch frisch und jung;
denn ich wahre allen Guten
süßes Glück: Erinnerung!

Passionsblume

Ziehn auch Wolken schwer und trübe,
nie verliere, Freund, den Mut,
traue, glaube, hoffe, liebe . . . .
alles wird einst wieder gut. –

*

Und die Blümlein alle sagen
dir so viel, vernimmst es du!
Lispeln in des Unglücks Tagen
süße Tröstung leis dir zu.

Glücklich jeder, dem sie's künden,
geht er hin durchs weite Feld –
er allein wird stets empfinden
wahre Lust an dieser Welt.

Er traut auf die eigne Stärke,
auf die eigne Kraft wohl gern;
denn er sieht in jedem Werke
die allmächtge Hand des Herrn!

Das Blümlein Wunderschön

Lied des gefangenen Grafen

Graf

Ich kenn' ein Blümlein Wunderschön
Und trage darnach Verlangen;
Ich möcht' es gerne zu suchen gehn,
Allein ich bin gefangen.
Die Schmerzen sind mir nicht gering;
Denn als ich in der Freiheit ging,
Da hatt' ich es in der Nähe.

Von diesem ringsum steilen Schloß
Laß' ich die Augen schweifen,
Und kann's vom hohen Turmgeschoß
Mit Blicken nicht ergreifen;
Und wer mir's vor die Augen bräch',
Es wäre Ritter oder Knecht,
Der sollte mein Trauter bleiben.

Rose

Ich blühe schön, und höre dies
Hier unter deinem Gitter.
Du meinest mich, die Rose, gewiß,
Du edler, armer Ritter!
Du hast gar einen hohen Sinn.
Es herrscht die Blumenkönigin
Gewiß auch in deinem Herzen.

Graf

Dein Purpur ist aller Ehren wert,
Im grünen Überkleide,
Darob das Mädchen dein begehrt,
Wie Gold und edel Geschmeide.
Dein Kranz erhöht das schönste Gesicht;
Allein du bist das Blümchen nicht,
Das ich im Stillen verehre.

Lilie

Das Röslein hat gar stolzen Brauch,
Und strebet immer nach oben;
Doch wird ein liebes Liebchen auch
Der Lilie Zierde loben.
Wem's Herze schlägt in treuer Brust
Und ist sich rein, wie ich, bewußt,
Der hält mich wohl am höchsten.

Graf

Ich nenne mich zwar keusch und rein,
Und rein von bösen Fehlen;
Doch muß ich hier gefangen sein,
Und muß mich einsam quälen.
Du bist mir zwar ein schönes Bild
Von mancher Jungfrau, rein und mild:
Doch weiß ich noch was liebers.

Nelke

Das mag wohl ich, die Nelke, sein,
Hier in des Wächters Garten.
Wie würde sonst der Alte mein
Mit so viel Sorge warten
Im schönen Kreis der Blätter Drang,
Und Wohlgeruch das Leben lang,
Und alle tausend Farben.

Graf

Die Nelke soll man nicht verschmähn;
Sie ist des Gärtners Wonne:
Bald muß sie in dem Lichte stehn,
Bald schützt er sie vor Sonne.
Doch was den Grafen glücklich macht?
Es ist nicht ausgesuchte Pracht:
Es ist ein stilles Blümchen.

Veilchen

Ich steh verborgen und gebückt,
Und mag nicht gerne sprechen;
Doch will ich, weil sich's eben schickt,
Mein tiefes Schweigen brechen.
Wenn ich es bin, du guter Mann,
Wie schmerzt mich's, daß ich hinauf nicht kann
Dir alle Gerüche senden.

Graf

Das gute Veilchen schätz' ich sehr:
Es ist so gar bescheiden,
Und duftet so schön; doch brauch' ich mehr
In meinem herben Leiden.
Ich will es euch nur eingestehn:
Auf diesen dürren Felsenhöhn
Ist's Liebchen nicht zu finden.

Doch wandelt unten, an dem Bach,
Das treuste Weib der Erde,
Und seufzet leise manches Ach!
Bis ich erlöset werde.
Wenn sie ein blaues Blümchen bricht,
Und immer sagt: Vergiß mein nicht!
So fühl' ich's in der Ferne.

Ja, in der Ferne fühlt sich die Macht,
Wenn zwei sich redlich lieben;
Drum bin ich in des Kerkers Nacht
Auch noch lebendig geblieben.
Und wenn mir fast das Herze bricht,
So ruf' ich nur: Vergiß mein nicht
Da komm' ich wieder in's Leben.

Der Knabe und das Vergißmeinnicht

Der Knabe

O Blümelein Vergißmeinnicht!
Entzieh dich meinem Auge nicht.
Ihr, Veilchen! Nelken! Rosen!
Auf euch verweilt der Sonne Licht
Als wollt es mit euch kosen;
Doch wenn die Sonne tiefer sinkt
Wenn Nacht die Farben all verschlingt
Da reden süße Düfte
Von eurem stillen Leben mir
Und die vertrauten Lüfte
Die bringen eure Grüße mir
Doch ach! Vergißmeinnicht von Dir
Bringt nichts, bringt nichts mir Kunde.
Sag Blümlein lebst dem Aug du nur
Flieht mit den Farben jede Spur
Mir hin von deinem Leben?
Hast keine Stimm die zu mir spricht
Wenn Schatten dich umgeben?

Vergißmeinnicht

Die Stimme ach Süßer! die hab ich nicht
Doch trag ich den Namen Vergißmeinnicht,
Der wenn ich auch schweige, dem Herzen spricht.

WILHELM MÜLLER

Blumensprache

Vor ihrem Fenster stehn viel Nelkentöpfe,
Und will sie, daß zu ihr hinein ich schlüpfe,
Wirft sie herab zwei purpurrote Knöspchen.

Die purpurroten Knöspchen wollen sagen:
Zwei purpurrote Lippen sind dein eigen,
Komm, komm, und küsse sie zu tausend Malen!

Ich komme schon, will ihnen Küsse geben,
Mehr, als die vollsten Nelken Blätter haben,
Und mehr, als Neiderblicke mich umspähen.

FRANZ VON DINGELSTEDT

Blumen-Botschaft

»Was hat sie dir denn anvertraut,
Die holde Jungfrau dort?
Nachdem sie lang auf dich geschaut,
Sprach sie ein leises Wort.

Dann hat sie dich zum Abschied noch
In deinen Kelch geküßt;
Ei, was ihr klugen Blumen doch
Alles verschweigen müßt!

Und war es denn ein leichter Kuß,
Den man der Schwester giebt?
War's etwa gar ein Sehnsuchtsgruß
An Jenen, den sie liebt?«

Die kleine Blume sah mich an
Und sprach geheimnisvoll:
»Bist du wohl auch der rechte Mann,
An den es kommen soll?

O süße Mädchenheimlichkeit,
O tiefes Blumenwort!
Sie flüsterte: Bald ist es Zeit,
Und ging errötend fort.«

»Bin ich auch nicht der rechte Mann,
An den es kommen muß,
So nehm ich doch, und dankbar, an
Den Gruß mitsamt dem Kuß.«

Ich beugte mich mit raschem Mund
Zum Blumenkelch herab
Und stahl den Kuß aus seinem Grund,
Den ihr das Mädchen gab.

Durch die Blume

'S wird, Blumen sprechen zu lassen,
Bei mancher Gelegenheit passen.
Doch prüfe, wer's vorhat,
Ob der andre ein Ohr hat,
Die Sprache der Blumen zu fassen.

Anhang

Verzeichnis der Autoren, Gedichte und Druckvorlagen

R. A.: Gesammelte Werke [...]. [Bd. 2:] Die Erde war ein atlasweißes Feld. Gedichte 1927–1956. Frankfurt a. M.: S. Fischer, 1985. (1) S. 45. (6) S. 167.

R. A.: Gesammelte Werke [...]. [Bd. 3:] Die Sichel mäht die Zeit zu Heu. Gedichte 1957–1965. Frankfurt a. M.: S. Fischer, 1985. S. 218. (2)

R. A.: Gesammelte Werke [...]. [Bd. 7:] Jeder Tropfen ein Tag. Gedichte aus dem Nachlaß. Frankfurt a. M.: S. Fischer, 1990. S. 43. (3)

R. A.: Gesammelte Werke [...]. [Bd. 6:] Wieder ein Tag aus Glut und Wind. Gedichte 1980–1982. Frankfurt a. M.: S. Fischer, 1986. S. 235. (4)

R. A.: Gesammelte Werke [...]. [Bd. 5:] Ich höre das Herz des Oleanders. Gedichte 1977–1979. Frankfurt a. M.: S. Fischer, 1984. S. 258. (5)

R. A.: Gesammelte Werke in 7 Bänden. Hrsg. von Helmut Braun. [Bd. 4:] Hügel aus Äther unwiderruflich. Gedichte und Prosa 1966–1975. Frankfurt a. M.: S. Fischer, 1984. S. 242. (7)

© S. Fischer Verlag GmbH, Frankfurt am Main.

GOTTFRIED BENN (1886–1956)

G. B.: Sämtliche Werke. Stuttgarter Ausgabe. In Verb. mit Ilse Benn hrsg. von Gerhard Schuster. Bd. 1: Gedichte 1. Stuttgart: Klett-Cotta, 1986. (1) S. 134. (2) S. 227. (3) S. 166. (4) S. 259. (5) S. 305. (6) S. 207. – © 1948, 1983 Arche Verlag AG, Raabe und Vitali, Zürich [1, 3, 6; aus *Statische Gedichte*]. – © 1986 Verlagsgemeinschaft Ernst Klett Verlag / J. G. Cotta'sche Buchhandlung Nachfolger GmbH, Stuttgart. (2, 4, 5)

G. B.: Gesamtausgabe in Einzelbänden. [Bd.:] Gedichte 1940 bis
1951. München: Nymphenburger, 1957. (1) S. 194. (2) S. 162.
G. B.: Gesamtausgabe in Einzelbänden. [Bd.:] Gedichte 1919 bis
1939. München: Nymphenburger, 1957. S. 21. (3)
Mit Genehmigung von Ingeborg Schuldt-Britting, Höhenmoos.

BARTHOLD HINRICH BROCKES (1680–1747)

B. H. B.: Irdisches Vergnügen in Gott, bestehend in Physicalisch-
und Moralischen Gedichten. Nachdr. der Ausg. 1737. Bern: Lang,
1970. (1) Bd. 3. S. 592. (2) Bd. 1. S. 208. (3) Bd. 2. S. 405–408.

WILHELM BUSCH (1832–1908)

W. B.: Sämtliche Werke. Hrsg. von Otto Nöldeke. Bd. 6: Hernach.
Von mir über mich. Eduards Traum. Der Schmetterling. Spricker.
Kritik des Herzens. Zu guter Letzt. Schein und Sein. München:
Braun & Schneider, 1943. (1) S. 320. (2) S. 389–393. (3) S. 238.
(4) S. 396.

HANS CAROSSA (1878–1956)

H. C.: Sämtliche Werke. Bd. 1. Frankfurt a. M.: Insel Verlag, 1962.
S. 94 f. – © 1962 Insel Verlag, Frankfurt am Main.

PAUL CELAN (1920–1970)

    (1) *Krokus, vom gastlichen Tisch aus gesehn*   39
    (2) Mohn   96
    (3) Blume 138

P. C.: Gesammelte Werke in 5 Bänden. Bd. 3: Gedichte 3, Prosa,
Reden. Frankfurt a. M.: Suhrkamp, 1983. (1) S. 122. (2) S. 17. –
© 1983 Suhrkamp Verlag, Frankfurt am Main. (1) – Mit freundlicher
Genehmigung von Eric Celan, Paris. (2)
P. C.: Sprachgitter. Frankfurt a. M.: S. Fischer, 1959. (3) –
© 1959 S. Fischer Verlag GmbH, Frankfurt am Main.

ADELBERT VON CHAMISSO (1781–1838)

    (1) Märzveilchen 145
    (2) Die Knospe der Rose 255

A. v. Ch.: Werke in 2 Bänden. Hrsg. von Werner Feudel und Chri-
stel Laufer. Bd. 1: Gedichte, Dramatisches. Leipzig: Insel Verlag,
1981. (1) S. 157 f. [nach Hans Christian Andersen]. (2) S. 475.

HERMANN CLAUDIUS (1878–1980)

    Der Rosenbusch 153

H. C.: Jubiläumsausgabe in 2 Bänden. Bd. 1. München: Schneider,
1978. S. 186. – © 1978 Rudolf Schneider Verlag, München.

MAX DAUTHENDEY (1867–1918)

    (1) Resedaduft   65
    (2) Windenblüten 107
    (3) Sonnenblumen 114
    (4) Drinnen im Strauß 209
    (5) *Mein Zimmer duftet königlich fein* 256

M. D.: Gesammelte Gedichte und kleinere Versdichtungen. Mün-
chen: Langen, 1930. (1) S. 53. (2) S. 152. (3) S. 323. (4) S. 318.
(5) S. 100.

RICHARD DEHMEL (1863–1920)

R. D.: Gesammelte Werke in 10 Bänden. Bd. 1: Erlösungen. Gedichte und Sprüche. 3., veränd. Ausg. Berlin: S. Fischer, 1906. S. 16–18. (1)
R. D.: Gesammelte Werke [...]. Bd. 3: Weib und Welt. Ein Buch Gedichte. 3., vielf. veränd. und sehr erw. Ausg. Berlin: S. Fischer, 1907. (2) S. 104 f. (3) S. 81.

FRANZ VON DINGELSTEDT (1814–1881)

F. v. D.: Lyrische Dichtungen. 2 Bände. Berlin: Paetel, 1877. (1) Bd. 2. S. 340. (2) Bd. 1. S. 46 f. [Die Orthographie wurde behutsam modernisiert.]

HILDE DOMIN (geb. 1912)

H. D.: Gesammelte Gedichte. Frankfurt a. M.: S. Fischer, 1987. (1) S. 130. (2) S. 290. – © 1987 S. Fischer Verlag GmbH, Frankfurt am Main.

ANNETTE VON DROSTE-HÜLSHOFF (1797–1848)

A. v. D.-H.: Sämtliche Werke. Hrsg. [...] von Clemens Heselhaus. München: Hanser, 1966. (1) S. 18. (2) S. 148 f.

GÜNTER EICH (1907–1972)

G. E.: Gesammelte Werke in 4 Bänden. Rev. Ausg. Bd. 1: Die Gedichte. Die Maulwürfe. Hrsg. von Axel Vieregg. Frankfurt a. M.: Suhrkamp, 1991. (1) S. 34. (2) S. 44 f. (3) S. 66 f. – © 1991 Suhrkamp Verlag, Frankfurt am Main.

JOSEPH VON EICHENDORFF (1788–1857)

J. v. E.: Werke. [Textred.: Jost Perfahl. Einf., Zeittaf. und Anm. von Ansgar Hillach.] Bd. 1: Gedichte, Versepen, Dramen, Autobiographisches. München: Winkler, 1981. S. 188. (1)
J. v. E.: Gedichte. Hrsg. von Peter Horst Neumann. Stuttgart: Reclam, 1997. (Universal-Bibliothek. 7925.) S. 95. (2)

FRED ENDRIKAT (1890–1942)

Das große Endrikat-Buch. München: Blanvalet, 1976. S. 96 f. – © 1976 Blanvalet Verlag GmbH, München.

HANS MAGNUS ENZENSBERGER (geb. 1929)

H. M. E.: Gedichte 1955–1970. Frankfurt a. M.: Suhrkamp, 1971. (suhrkamp taschenbuch. 4.) S. 118 f. – © 1971 Suhrkamp Verlag, Frankfurt am Main.

GUSTAV FALKE (1853–1916)

G. F.: Die Auswahl. Gedichte. Hamburg: Janssen, 1910. (1) S. 109. (2) S. 81. (3) S. 86.

FERDINAND FREILIGRATH (1810–1876)

Der Blumen Rache 159

F. F.: Gesammelte Dichtungen. Neue, sehr verm. und vervollst.
Aufl. Bd. 1. Stuttgart: Göschen, 1877. S. 41–44.

ERICH FRIED (1921–1988)

Blütenträume 257

E. F.: Gesammelte Werke. Hrsg. von Volker Kaukoreit und Klaus
Wagenbach. [Bd. 1:] Gedichte 1. Berlin: Wagenbach, 1993. S. 101. –
© Verlag Klaus Wagenbach, Berlin.

ABRAHAM EMANUEL FRÖHLICH (1796–1865)

Vettern 64

Fünf Bücher deutscher Lieder und Gedichte. Von A. von Haller bis
auf die neueste Zeit. Eine Mustersammlung mit Rücksicht auf den
Gebrauch in Schulen. Hrsg. von Gustav Schwab. Leipzig: Weid-
mann, 1835. S. 719 f.

EMANUEL GEIBEL (1815–1884)

Das Kraut Vergessenheit 64

E. G.: Gesammelte Werke in 8 Bänden. Bd. 1: Jugendgedichte, Zeit-
stimmen, Sonette. Stuttgart: Cotta, 1883. S. 127. [Die Orthographie
wurde behutsam modernisiert.]

STEFAN GEORGE (1868–1933)

(1) *Komm in den totgesagten park und schau* 177
(2) *Mein garten bedarf nicht luft und nicht wärme* 178
(3) November-Rose 195

S. G.: Werke. Ausgabe in 2 Bänden. Hrsg. von Robert Boehringer.
Stuttgart: Klett-Cotta, ⁴1984. (1) Bd. 1. S. 121. (2) Bd. 1. S. 47. (3)
Bd. 2. S. 494. – © Verlagsgemeinschaft Ernst Klett Verlag / J. G.
Cotta'sche Buchhandlung Nachfolger GmbH, Stuttgart.

H. v. G.: Ausgewählte Dichtungen. Hrsg. von Arnold von der Passer. Leipzig: Liebeskind, 1889. S. 151 f. [Die Orthographie wurde behutsam modernisiert.]

J. W. L. G.: Versuch in Scherzhaften Liedern und Lieder. Hrsg. von Alfred Anger. Tübingen: Niemeyer, 1964. (1) S. 156. (2) S. 144. [Die Orthographie wurde behutsam modernisiert.]

Goethes Werke. Hamburger Ausgabe in 14 Bänden. Hrsg. von Erich Trunz. Bd. 1: Gedichte und Epen 1. 10., überarb. Aufl. München: Beck, 1974. (1) S. 78 f. (3) S. 389. (4) S. 389. (5) S. 224. (6) S. 26 f. (7) S. 371. (8) S. 224. (9) S. 78. (10) S. 254 f. (11) S. 252. Goethes Werke. Hamburger Ausgabe [. . .]. Bd. 2: Gedichte und Epen 2. 10., unveränd. Aufl. München: Beck, 1976. S. 17. (2) Goethes Briefe an Charlotte von Stein. Hrsg. von Jonas Fränkel. Umgearb. Neuausg. Bd. 1. Berlin: Akademie-Verlag, 1960. S. 233. (12) [Die Orthographie wurde behutsam modernisiert.]

J. W. G.: Sämtliche Werke. Vierzig Bände. Hrsg. von Hendrik Bi-
rus [u. a.]. Bd. 1: Gedichte 1756–1799. Hrsg. von Karl Eibl. Frank-
furt a. M.: Deutscher Klassiker Verlag, 1987. S. 665–668. (13)

KAROLINE VON GÜNDERODE (1780–1806)

K. v. G.: Sämtliche Werke und ausgewählte Studien. Hrsg. von
Walter Morgenthaler. Bd. 1: Texte. Basel/Frankfurt a. M.: Stroem-
feld/Roter Stern, 1990. S. 387. [Die Orthographie wurde behutsam
modernisiert.]

RUDOLF HAGELSTANGE (1912–1984)

R. H.: Lied der Jahre. Gesammelte Gedichte. Hamburg: Hoffmann
und Campe, 1964. S. 158 f.

FRIEDRICH HALM
(d. i. Eligius Franz Joseph von Münch-Bellinghausen, 1806–1871)

F. H.: Werke. Bd. 1: Gedichte. Verm. und verb. Ausg. Wien: Ge-
rold, 1856. S. 247–249. [Die Orthographie wurde behutsam moder-
nisiert.]

WILHELM HAUFF (1802–1827)

W. H.: Werke. Bd. 1: Romane. Märchen. Gedichte. Hrsg. von Her-
mann Engelhard. Stuttgart: Cotta, 1961. S. 948 f.

MANFRED HAUSMANN (1898–1986)

M. H.: Jahre des Lebens. Gedichte. Neukirchen-Vluyn: Neukirche-
ner Verlag, 1974. S. 68 f., 59. – © 1974 Neukirchener Verlagshaus,
Verlagsgesellschaft des Erziehungsvereins mbH, Neukirchen-Vluyn.

FRIEDRICH HEBBEL (1813–1863)

F. H.: Werke. Hrsg. von Gerhard Fricke, Werner Keller und Karl
Pörnbacher. Bd. 3. München: Hanser, 1965. (1) S. 49. (2) S. 36.

HEINRICH HEINE (1797–1856)

H. H.: Sämtliche Schriften in 12 Bänden. Hrsg. von Klaus Briegleb.
München: Hanser, 1976. (1) Bd. 7. S. 304. (2) Bd. 7. S. 305. (3)
Bd. 7. S. 301. (4) Bd. 1. S. 78. (5) Bd. 7. S. 301. (6) Bd. 7. S. 303.
(7) Bd. 1. S. 93. (8) Bd. 7. S. 306. (9) Bd. 1. S. 78. (10) Bd. 7.
S. 313 f. (11) Bd. 7. S. 309.

JOHANN GOTTFRIED HERDER (1744–1803)

J. G. H.: »Stimmen der Völker in Liedern«. Volkslieder. 2 Tle.
Hrsg. von Heinz Rölleke. Stuttgart: Reclam, 1975. (Universal-Bi-
bliothek. 1371.) S. 353–355 [Nachdichtung nach Luis de Góngora;
die Orthographie wurde behutsam modernisiert].

AUGUST HEINRICH HOFFMANN VON FALLERSLEBEN
(1798–1874)

A. H. H. v. F.: Gedichte. Bd. 2. Leipzig: F. A. Brockhaus, 1834.
(1) S. 38. (2) S. 37.
Narzissus und die Tulipan. Gedichte von Blumen und Bäumen.
Ges. von Hanna Biermann-Ratjen und Martin Beheim-Schwarz-
bach. Hamburg: Christians, 1963. (3) S. 20.

CHRISTIAN HOFMANN VON HOFMANNSWALDAU
(1616–1679)

Epochen der deutschen Lyrik. Hrsg. von Walter Killy. Bd. 5: Ge-
dichte 1700–1770. Hrsg. von Jürgen Stenzel. München: Deutscher
Taschenbuch Verlag, 1969. (dtv Wissenschaftliche Reihe. 4019).
S. 22.

HUGO VON HOFMANNSTHAL (1874–1929)

H. v. H.: Gesammelte Werke in 10 Einzelbänden. Hrsg. von Bernd
Schoeller in Ber. mit Rudolf Hirsch. [Bd.:] Gedichte. Dramen 1.
1891–1898. Frankfurt a. M.: S. Fischer, 1986. S. 123. – © 1951
S. Fischer Verlag GmbH, Frankfurt am Main.

ARNO HOLZ (1863–1929)

A. H.: Werke. Hrsg. von Wilhelm Emrich und Anita Holz. Bd. 1:
Phantasus I. Neuwied/Berlin: Luchterhand, 1961. S. 279–281.

RICARDA HUCH (1864–1947)

Herbstzeitlose   124

R. H.: Gesammelte Werke. Bd. 5: Gedichte, Dramen, Reden [. . .].
Hrsg. von Wilhelm Emrich. Köln: Kiepenheuer & Witsch, 1971.
S. 152 f. – Mit freundlicher Genehmigung von Alexander Böhm,
Rockenberg.

PETER HUCHEL (1903–1981)

Löwenzahn   70

P. H.: Gesammelte Werke in 2 Bänden. Hrsg. von Axel Vieregg.
Bd. 1: Die Gedichte. Frankfurt a. M.: Suhrkamp, 1984. S. 80 f. –
© 1984 Suhrkamp Verlag, Frankfurt am Main.

URSULA JASPERSEN (geb. 1919)

Eisblumen   145

U. J.: Die innere Landschaft. Gedichte. Hamburg: Hansischer Gil-
denverlag, 1946. S. 14.

FRIEDRICH GEORG JÜNGER (1898–1977)

Anemonen   45

F. G. J.: Werke. [Bd.:] Hrsg. von Citta Jünger. Sämtliche Gedichte
1. Stuttgart: Klett-Cotta, 1985. S. 95. – © Vittorio Klostermann
GmbH, Frankfurt am Main.

MARIE LUISE KASCHNITZ (1901–1974)

Tulpen   55

M. L. K.: Überallnie. Ausgewählte Gedichte 1928–1965. Nachw.
von Karl Krolow. Hamburg: Claassen, 1965. S. 11. – © 1965 Claas-
sen Verlag GmbH, Hildesheim.

GOTTFRIED KELLER (1819–1890)

G. K.: Sämtliche Werke. Hrsg. von Jonas Fränkel. Bd. 1: Gesammelte Gedichte. Erster Band. Bern/Leipzig: Benteli, 1931. S. 217.

SARAH KIRSCH (geb. 1935)

S. K.: Katzenleben. Gedichte. Stuttgart: Deutsche Verlags-Anstalt, 1984. S. 89. – © 1984 Deutsche Verlags-Anstalt GmbH, Stuttgart.

GERTRUD KOLMAR (d. i. G. Chodziesner, 1894–1943?)

G. K.: Das lyrische Werk. München: Kösel, 1960. S. 319. – © Suhrkamp Verlag, Frankfurt am Main.

KARL KROLOW (geb. 1915)

K. K.: Gesammelte Gedichte 2. Frankfurt a. M.: Suhrkamp, 1975. (1) S. 13. (2) S. 12. – © 1975 Suhrkamp Verlag, Frankfurt am Main.

CHRISTINE LAVANT (1915–1973)

Ch. L.: Der Pfauenschrei. Gedichte. Salzburg: Müller, 1962. S. 65. – © 1962 Otto Müller Verlag, Salzburg.

NIKOLAUS LENAU
(d. i. Nikolaus Niembsch Edler von Strehlenau, 1802–1850)

N. L.: Sämtliche Werke und Briefe in 6 Bänden. Hrsg. von Eduard Castle. Bd. 1: Gedichte. Leipzig: Insel Verlag, 1910. (1) S. 469 f. (2) S. 91 f. (3) S. 419. (4) S. 359. (5) S. 481 f.

DETLEV VON LILIENCRON
(d. i. Friedrich Adolf Axel Freiherr von L., 1844–1909)

D. v. L.: Werke in 2 Bänden. Hrsg. von Benno von Wiese. Bd. 1: Gedichte, Epos. Frankfurt a. M.: Insel Verlag, 1977. (1) S. 93 f. (2) S. 36 f. (3) S. 288.

PAULA LUDWIG (1900–1974)

P. L.: Gedichte. Eine Auswahl aus der Zeit von 1920 bis 1958. Ebenhausen b. München: Langewiesche-Brandt, 1958. S. 28. – © 1958 Verlag Langewiesche-Brandt KG, Ebenhausen bei München.

KURT MARTI (geb. 1921)

K. M.: Werkauswahl in fünf Bänden. Bd. 5: Namenszug mit Mond. Gedichte. Zürich/Frauenfeld: Nagel & Kimche, 1996. S. 284. – © 1996 Verlag Nagel & Kimche AG, Zürich und Frauenfeld.

JOHANN MARTIN MILLER (1750–1814)

Sturm und Drang. Werke in 3 Bänden. Bd. 1: Göttinger Hain. J. H. Jung (Stilling). Hrsg. von René Strasser. Frankfurt a. M.: Frankenbuchhandlung [o. J.]. S. 161.

EDUARD MÖRIKE (1804–1875)

Auf eine Christblume 143

E. M.: Gedichte. Ausw. und Nachw. von Bernhard Zeller, Stutt-
gart: Reclam, 1977 [u. ö.]. (Universal-Bibliothek. 7661.) S. 82–84.

CHRISTIAN MORGENSTERN (1871–1914)

(1) Marguerite 119
(2) Dichters Rückkehr 256

Ch. M.: Sämtliche Dichtungen. [Hrsg. von Heinrich O. Proskauer.]
Bd. 4: Ein Sommer. Basel: Zbinden, 1971. S. 38. (1)
Ch. M.: Sämtliche Dichtungen. [...] Bd. 12: Mensch Wanderer.
1976. S. 38. (2)

WILHELM MÜLLER (1794–1827)

(1) Blümlein Vergißmein 191
(2) Trockne Blumen 192
(3) Blumensprache 271

W. M.: Vermischte Schriften in 5 Bändchen. Hrsg. von Gustav
Schwab. Leipzig: Brockhaus, 1830. (1) Bd. 1. S. 44–46. (2) Bd. 1.
S. 47. (3) Bd. 2. S. 132. [Die Orthographie wurde behutsam moder-
nisiert.]

DAGMAR NICK (geb. 1926)

Mittag 149

D. N.: Fluchtlinien. Gedichte seit 1945. München: Delp, 1978.
S. 24. – Mit Genehmigung von Dagmar Nick, München.

WOLF VON NIEBELSCHÜTZ (1913–1960)

Der Blumenschatten 209

W. v. N.: Gedichte und Dramen. Hrsg. von Ilse von Niebelschütz.
Düsseldorf/Köln: Diederichs, 1962. S. 186 f. – Mit freundlicher Ge-
nehmigung von Ilse von Niebelschütz, Düsseldorf.

AUGUST VON PLATEN (1796–1835)

A. v. P.: Sämtliche Werke in 12 Bänden. Hrsg. von Max Koch und Erich Petzet. Bd. 5: Gedichte. Tl. 4. Leipzig: Hesse, 1910. (1) S. 52 f. (2) S. 273.

MARTIN RASCHKE (1905–1943)

Blütenlese in Gärten. Blick über Zäune und Hecken. Hrsg. von Eugen Skasa-Weiss. München: Obst- und Gartenbauverlag, 1962. S. 138.

RAINER MARIA RILKE (1875–1926)

R. M. R.: Sämtliche Werke. Hrsg. vom Rilke-Archiv. In Verb. mit Ruth Sieber-Rilke bes. durch Ernst Zinn. Bd. 1: Gedichte. Tl. 1. Frankfurt a. M.: Insel Verlag, 1955. (1) S. 754. (2) S. 519. (3) S. 833 f. (4) S. 552–554.
R. M: R.: Sämtliche Werke. [...] Bd. 3: Jugendgedichte. Frankfurt a. M.: Insel Verlag, 1959. S. 36–44. (5)

JOACHIM RINGELNATZ (d. i. Hans Bötticher, 1883–1934)

J. R.: Das Gesamtwerk in 7 Bänden. Hrsg. von Walter Pape. Bd. 1: Gedichte 1. Zürich: Diogenes, 1995. S. 32 f. – © 1994 Diogenes Verlag AG, Zürich.

E. R.: Sämtliche Werke. München: Hanser, 1977. (1) Bd. 3. S. 347.
(2) Bd. 3. S. 275. (3) Bd. 3. S. 233. (4) Bd. 2. S. 144. (5) Bd. 3.
S. 369. (6) Bd. 2. S. 353. – © Dr. Eugen Roth Erben, München.

F. v. S.: Sämtliche Werke in 12 Bänden. Hrsg. von Jakob Minor.
Bd. 3: Gedichte. Tl 2. Leipzig: Hesse, 1908. S. 24.

F. S.: Dichtungen. Hrsg. von Hans Eichner. München/Paderborn/
Wien: Schöningh, 1962. S. 189.

Lyrik des 18. Jahrhunderts. Hrsg. von Karl Otto Conrady. Hamburg: Rowohlt, 1968. S. 106 f.

R. A. Sch.: Gesammelte Werke in 5 Bänden. Bd. 1: Die Gedichte.
Berlin/Frankfurt a. M.: Suhrkamp, 1952. S. 512 f. – © 1952 Suhrkamp Verlag, Frankfurt am Main.

INA SEIDEL (1885–1974)

I. S.: Gedichte. Festausgabe zum 70. Geburtstag der Dichterin. Stuttgart: Deutsche Verlags-Anstalt, 1955. S. 85. – © 1955 Deutsche Verlags-Anstalt GmbH, Stuttgart.

THEODOR STORM (1817–1888)

Th. S.: Sämtliche Werke in 4 Bänden. Hrsg. von Peter Goldammer. Bd. 1: Gedichte, Märchen und Spukgeschichten, Novellen. Berlin/Weimar: Aufbau-Verlag, 1972. (1) S. 121. (2) S. 120. (3) S. 152. (4) S. 209.

KURT TUCHOLSKY (1890–1935)

K. T.: Gesammelte Werke in 10 Bänden. Hrsg. von Mary Gerold-Tucholsky und Fritz J. Raddatz. Bd. 1. Reinbek b. Hamburg: Rowohlt, 1975. S. 194. – © 1960 Rowohlt Verlag GmbH, Reinbek bei Hamburg.

LUDWIG UHLAND (1787–1862)

L. U.: Werke. Hrsg. von Hartmut Fröschle und Walter Scheffler. Bd. 1: Gedichte. München: Winkler, 1980. (1) S. 44. (2) S. 436. (3) S. 96 f.

UNBEKANNTE VERFASSER

Des Knaben Wunderhorn. Alte deutsche Lieder gesammelt von Achim von Arnim und Clemens Brentano. München: Winkler, 1957. (1) S. 224. (3) S. 37 f.
Deutscher Liederhort. Auswahl der vorzüglicheren Deutschen Volkslieder, nach Wort und Weise aus der Vorzeit und der Gegenwart, ges. und erl. von Ludwig Erk. Bd. 2. Leipzig: Breitkopf und Härtel, 1893. (2) S. 198.
Blütenlese in Gärten. Blick über Zäune und Hecken. Hrsg. von Eugen Skasa-Weiss. München: Obst- und Gartenbauverlag, 1962. (4) S. 58.

GEORG VON DER VRING (1889–1968)

G. v. d. V.: Die Gedichte. Gesamtausgabe der veröffentlichten Gedichte und eine Auswahl aus dem Nachlaß. Hrsg. von Christiane Peter und Kristian Wachinger. Ebenhausen b. München: Langewiesche-Brandt, 1989. (1) S. 199. (2) S. 369. (3) S. 230. – © 1989 Verlag Langewiesche-Brandt KG, Ebenhausen bei München.

KARL HEINRICH WAGGERL (1897–1973)

K. H. W.: Heiteres Herbarium. Blumen und Verse. Salzburg: Müller, 1950. (1) S. 6. (2) S. 18. (3) S. 44. – © 1950 Otto Müller Verlag, Salzburg.

CHRISTIAN WAGNER (1835–1918)

(1) Anemonen 47
(2) Blumen neben dem Krankenbett 237

Ch. W.: Blühender Kirschbaum. Gedichte und Prosa. München:
Langen/Müller, 1940. (1) S. 5. (2) S. 17.

JOSEF WEINHEBER (1892–1945)

(1) Im Grase 150
(2) Bauerngarten 167

J. W.: Sämtliche Werke. Hrsg. von Josef Nadler und Hedwig Wein-
heber. Bd. 2: Gedichte. Zweiter Teil. Salzburg: Müller, 1954.
(1) S. 240 f. (2) S. 302 f. – © 1954 Otto Müller Verlag, Salzburg.

Gedichtüberschriften und -anfänge

Reclam LESEBUCH

Gebundene Ausgaben mit
farbiger Einbandgestaltung

Eine Auswahl

Heiteres Darüberstehen
Geschichten und Gedichte zum Vergnügen
Zusammengestellt von Stephan Koranyi
Mit Vignetten von Gustav Klimt

Liebe, Liebe, Liebe
Geschichten, Gedichte und Gedanken
Zusammengestellt von Stephan Koranyi
Illustriert von Werner Rüb

Literarischer Adventskalender
Herausgegeben von Evelyne Polt-Heinzl
und Christine Schmidjell

Die vier Jahreszeiten
Gedichte
Herausgegeben von Eckart Kleßmann

Goethe-Brevier
Herausgegeben von Johannes John

Fontane-Brevier
Herausgegeben von Bettina Plett

Nietzsche-Brevier
Herausgegeben von Kurt Flasch

Thomas Mann-Brevier
Herausgegeben von Günther Debon

Kafka-Brevier
Herausgegeben von Joseph Vogl

Reclams Märchenbuch
Herausgegeben von Lisa Paulsen
Mit Illustrationen von Werner Rüb

Blumen
auf den Weg gestreut
Gedichte
Herausgegeben von Heinke Wunderlich
Mit 16 Farbabbildungen

Die Wundertüte
Alte und neue Gedichte für Kinder
Herausgegeben von Heinz-Jürgen Kliewer
Mit Illustrationen

Der Zauberkasten
Alte und neue Geschichten für Kinder
Herausgegeben von Heinz-Jürgen Kliewer
und Ursula Kliewer

Das Nonsens-Buch
Herausgegeben von Peter Köhler
Mit 48 Abbildungen

Das Katastrophen-Buch
Herausgegeben von Peter Köhler

Chinesische Weisheit
Übersetzt und herausgegeben
von Günther Debon
Mit 23 Abbildungen

Weisheit des Islam
Herausgegeben von Annemarie Schimmel
Mit 19 Abbildungen

Die Weisheit der Heiligen
Ein Brevier
Herausgegeben von Johanna Lanczkowski

Reclams Weihnachtsbuch
Erzählungen, Lieder, Gedichte, Briefe,
Betrachtungen
Herausgegeben von Stephan Koranyi
Mit Illustrationen von Sylvia Neuner

Zum Glück
Wege und Umwege
Herausgegeben von Jörg Zirfas

Lob der Vergänglichkeit
Herausgegeben von
Karl-Heinz Hartmann

Philipp Reclam jun.
Stuttgart